AF626828

Fach-
ratgeber
Klett-Cotta

HILFE
AUS
EIGENER
KRAFT

FRIEDERIKE POTRECK

Ich bin genug!

Wege zu einem starken Selbstwert

Klett-Cotta

Die digitalen Zusatzmaterialien haben wir zum Download auf www.klett-cotta.de bereitgestellt. Geben Sie im Suchfeld auf unserer Homepage den folgenden Such-Code ein: **OM86140**

MIX
Papier aus verantwortungsvollen Quellen
FSC® C083411

Klett-Cotta
www.klett-cotta.de

Umschlaggestaltung: Wallbaum/Weiß Freiburg
unter Verwendung eines Foto: © Shutterstock/Vitallia
Illustrationen Kate Hester, @kate.illustration_
Gesetzt in den Tropen Studios, Leipzig
Gedruckt und gebunden von CPI – Clausen & Bosse, Leck
ISBN 978-3-608-86140-2
PDF-E-Book: ISBN 978-3-608-20521-3

Bibliografische Information der Deutschen Nationalbibliothek
Die Deutsche Nationalbibliothek verzeichnet diese Publikation in der Deutschen Nationalbibliografie; detaillierte bibliografische Daten sind im Internet über http://dnb.d-nb.de abrufbar

Inhalt

Für einen guten Start **7**

An sich glauben **15**

Selma

Ich bin ein hoffnungsloser Fall! 16

Gib dir eine Chance 18

Konkret im Alltag 22

Daniel

Ich bin viel zu weich für diese Welt! 28

Du bist ein Schatz für diese Welt 30

Konkret im Alltag 34

Zu sich stehen **39**

Meike

Ich bin nicht schön, schlank, sportlich … genug! 40

Du bist wie du bist 41

Konkret im Alltag 45

Nikola

Ich muss es den anderen immer recht machen! 49

Du darfst du selbst sein 51

Konkret im Alltag 56

Eduard

Geht nicht gibt's nicht! 66

Körperliche Schwäche ist kein Makel 67

Konkret im Alltag 71

Sich etwas zutrauen **79**

Charlotte

Ich kann das nicht, davor habe ich Angst! 80

Du kannst das 82

Konkret im Alltag 85

Nina

Selbst ein dummes Schulmädchen steht besser da! 91

Nimm dich ernst, du bist es wert 94

Konkret im Alltag 96

Sich fordern **103**

Alexander

Ich bin einfach ein Chaot! 104

Auch »Chaoten« können Ziele erreichen 105

Konkret im Alltag 110

Fair mit sich sein **123**

Lea

Alle anderen können das besser als ich! 124

Du bist in Ordnung, wie du bist 125

Konkret im Alltag 130

Gut für sich sorgen **137**

Wiebke

Ich kriege einfach nicht genug hin! 138

Du darfst achtsam mit deiner Energie umgehen. 143

Zum guten Schluss **154**

Dank! **156**

Leseempfehlungen **157**

Liste der Download-Materialien **158**

Für einen guten Start

Was Sie erwartet …

Dieses Buch erzählt von dem Wunsch und der Suche nach einem starken Selbstwert und zeigt Wege, wie der Selbstwert gestärkt werden kann. Der Wunsch nach einem starken Selbstwert ist vielen Menschen sehr vertraut. Oft erfüllt er sich nur durch intensive Arbeit an sich selbst. Denn auf dem Weg zu einem starken Selbstwert kann es Hindernisse und Stolperfallen geben wie auch Durststrecken und Rückschläge. In zehn exemplarisch erzählten Geschichten begegnen Sie den typischen Sackgassensituationen auf dem Weg zu einem starken Selbstwert: sei es das unabweisbare Gefühl zu haben, nicht zu genügen, weil man nicht stark genug, schön genug, klug genug ist … oder das Gefühl zu haben, festzustecken in der eigenen Lebensgeschichte, in körperlicher Schwäche oder Energielosigkeit … Und Sie lernen Auswege aus den typischen Sackgassen kennen, um zu einem starken Selbstwert zu gelangen.

In den Geschichten kommen zunächst die Menschen selbst zu Wort (die Personen sind frei erfunden, die Sackgassensituationen allerdings keinesfalls). Dann übernehmen die wohlwollenden Begleiter die Regie. Sie betrachten die Lage mit liebevollem Blick und legen sachte, aber bestimmt einen Finger auf die schwache Stelle. Sie analysieren die Fallen, in denen die Menschen stecken, und zeigen, wie es weitergehen könnte. Wo es mehr Anstrengung oder eine andere Art von Anstrengung braucht. Wo mehr Geduld nötig ist oder Zeit, um die Veränderungen tatsächlich in Gang zu bringen. Und schließlich finden sie noch heraus, welche Kräfte den guten Willen und die besten Absichten ausbremsen und so den Energieeinsatz unbemerkt drosseln.

Und zum guten Schluss geben die wohlwollenden Begleiter einen liebevollen und zugleich nachdrücklichen Schubs, mit den gewonnenen Erkenntnissen den Sand aus dem Getriebe zu putzen, die Kiste wieder flottzumachen und den begonnenen Weg mutig fortzusetzen.

Hört sich interessant an … aber wohlwollender Begleiter? Innerer Kritiker? Und außerdem – sind die immer männlich?

Gut, dass Sie fragen! Lassen Sie mich ein paar grundsätzliche Worte zum Thema Selbstwert sagen, denn schließlich kreisen alle Geschichten dieses Buches um den starken und dann doch nicht so starken Selbstwert (eine ausführlichere Version finden Sie in meinem Buch »Von der Freude, den Selbstwert zu stärken«).

Zuerst einmal eine Begriffsbestimmung:

Der Selbstwert ist die Summe aller positiven Bewertungen der eigenen Person.

Dies bedeutet, je mehr Aspekte eine Person an sich selbst als positiv einschätzt, umso höher ist ihr Selbstwert. Konsequent weitergedacht bedeutet das auch: Wenn eine Person lernt, mehr Aspekte ihrer Person positiv zu beurteilen und dies häufiger zu tun, kann sie dadurch ihren Selbstwert stärken. Darauf komme ich gleich noch mal zurück.

Wenn der Selbstwert die Summe der eigenen positiven Bewertungen ist, bedeutet das aber zugleich, dass der Selbstwert eine *völlig subjektive Sache* ist, denn es gibt *kein objektives Maß*, wenn eine Person sich selbst bewertet. Egal, wie ein anderer von außen die Person bewertet, der Selbstwert ist immer der Wert, den eine Person sich selbst beimisst.

Selbstwertförderliche und selbstwerthinderliche Strategien

Bei der Selbstbewertung unterscheidet man Gefühle, Gedanken und Aktivitäten, die *selbstwertförderlich* sind, von Gefühlen, Gedanken und Aktivitäten, die *selbstwertschädlich* sind. Für den Selbstwert *förderlich* ist es zum Beispiel, sich zu loben oder gut für sich zu sorgen oder sich nur mit solchen Personen zu vergleichen, denen man in Bezug auf das verglichene Merkmal ähnlich ist (die Hobbyköchin nicht mit der Sterneköchin, der Genussläufer nicht mit dem Marathonläufer). Für den Selbstwert *schädlich* ist es beispielsweise, sich eiskalt runterzumachen (»Das kann doch jeder Idiot.«), rücksichtslos gegen eigene Bedürfnisse zu handeln (»Stell dich nicht so an.«) oder einen unfairen Vergleich anzustellen (die Studentin mit der Professorin, der Heimwerker mit dem gelernten Schreiner).

Aus der psychologischen Forschung wissen wir, dass Menschen mit einem hohen Selbstwert über weit mehr selbstwertförderliche Strategien verfügen als Personen mit geringem Selbstwert. Andersherum setzen Menschen mit geringem Selbstwert weit mehr selbstwertschädliche Strategien ein.

Die Selbstwert-App

Zur Veranschaulichung dieser Prozesse kann man sich den Bildschirm eines Computers vorstellen, auf dem sich automatisch beim Einschalten eine App öffnet. Entweder es ist die App »Positive Selbstbewertung«, die liefert prompt wertschätzende und positive Kommentare zum eigenen Handeln, Denken und Fühlen. Etwa: »Hey, du bist echt früh dran, das ist super!« oder »Das Frühstück mit Hans und Lena hat richtig gutgetan.« Oder es ist die App »Negative Selbstbewertung«, die liefert prompt Selbstentwertung und Geringschätzung. Etwa: »Du bist so früh aufgestanden und sitzt jetzt erst am Schreibtisch, schwache Leistung!« oder »Die Zeit mit Hans und Lena beim Frühstück konntest du dir eigentlich überhaupt nicht leisten.«

Wenn nun das Ziel ein starker Selbstwert ist, liegt es nahe, nein, es ist fast zwingend, den Einsatz selbstwertförderlicher Strategien auszubauen und den Einsatz selbstwertschädlicher Strategien abzubauen, also dafür zu sorgen, dass die App »Positive Selbstbewertung« möglichst oft zum Einsatz kommt, und andersherum die App »Negative Selbstbewertung« möglichst oft gar nicht erst geöffnet wird. Wie kann das gelingen?

Das Selbstwert-Team

Hier kommt nun das Wohlwollen ins Spiel. Denn eins ist unbestritten: Wenn ich nicht die ablehnende Haltung mir selbst gegenüber ändere und an der Geringschätzung für mich selbst festhalte, dann werde ich auch nicht bereit sein zu lernen, wie ich mich und mein Handeln mit milderem Blick anschauen kann. Es geht also darum, dem Wohlwollen sich selbst gegenüber mehr und mehr Raum zu geben, es immer wieder aktiv einzuüben und so Schritt für Schritt mehr positive Selbstbewertung zu ermöglichen. In der Bildschirm-Metapher: Eine eigene App »Positive Selbstbewertung« zu entwickeln, die sich immer häufiger und immer schneller öffnet, wenn der Prozess der Selbstbewertung startet.

Der »wohlwollende Begleiter« steht in meinem psychotherapeutischen Ansatz symbolisch für diesen wohlwollenden Persönlichkeitsanteil. In der tagtäglichen Arbeit, die die Selbstwertstärkung verlangt, finde ich es besonders hilfreich und außerordentlich effektiv, für diesen Anteil einen Stellvertreter zu wählen und mit ihm direkt im Kontakt zu sein. Das kann ein alter treuer Begleiter aus Kindertagen sein, eine Schmusepuppe oder ein Plüschtier. Es kann aber auch ein brandneuer Teddy sein, der irgendwo im Schaufenster saß, herzerweichend lächelte und nur darauf gewartet hat, künftig ein wohlwollender Begleiter zu sein.

Die kritischen Anteile der Person, die (meist) strengen Regeln, Gebote und Maßstäbe für »richtiges« Handeln sind uns sehr vertraut und müssen nicht ausführlich vorgestellt werden. Der »innere Kritiker« ist uns auch als symbolische Figur geläufig. Wir haben uns schon so manche Standpauke anhören müssen, ihm gelegentlich auch Widerworte gegeben oder auf seine Anordnungen gepfiffen.

In solchen Momenten kommt der Faulpelz auf die Bühne. Er ist der Dritte im Bunde. Der widersetzt sich den strengen Regeln und Geboten gern und lässt alle Fünfe gerade sein, trinkt noch einen gemütlichen Kaffee und schafft es immerhin für eine ganze Weile, eine dicke Mauer zwischen sich und das schlechte Gewissen zu schieben. Bis es dem inneren Kritiker zu bunt wird und er ein Machtwort spricht (»Schluss mit deiner ewigen Schlamperei, damit wirst du noch ganz gewaltig baden gehen!«). So geht das Gezerre hin und her und von Wohlwollen keine Spur …

Idealerweise bilden wohlwollender Begleiter, innerer Kritiker und Faulpelz ein gleichberechtigtes Team, denn alle drei sind mit ihrer Stimme unentbehrlich: der wohlwollende Begleiter wegen seiner grundsätzlichen Akzeptanz und seines liebevollen Blicks, der innere Kritiker wegen der für jedes Wachstum und jede Weiterentwicklung notwendigen (konstruktiven!) Kritik und der Faulpelz wegen der elementaren Bedürfnisbefriedigung.

Was Sie mitnehmen können …

Wenn Sie ein Buch in die Hand nehmen, das den Titel trägt »Ich bin genug«, wollen Sie spätestens am Ende des Buches mehr darüber wissen, wie man zu dieser Haltung kommen kann, und vielleicht auch noch Ideen entwickelt haben, welchen Weg man einschlagen muss, um am Ende mit sich einverstanden zu sein und schlicht und einfach sagen zu können: »Ich bin genug.« Die Geschichten, die ich erzähle, zeigen sehr verschiedene Wege zu diesem einen Ziel und schließen mit dem Abschnitt »Konkret im Alltag« immer mit einer Reihe von praktischen Vorschlägen, welche Schritte auf dem jeweiligen Weg möglich sind. Sie sind als Anregungen gedacht, die Sie für sich aktiv in Ihrem Alltag umsetzen können, wenn Sie Elemente Ihrer eigenen Situation in der geschilderten Geschichte wiedererkennen und aus dieser Erkenntnis ein Impuls entsteht, wie es für Sie weitergehen könnte.

»Therapeutisches Schreiben«

Viele dieser Vorschläge nutzen die Idee des »therapeutischen Schreibens«, indem sie zum Planen und Protokollieren von Veränderungsschritten einladen und Ihnen Vorlagen, Beispiele und Listen dafür bereitstellen, die Sie auch downloaden können. Damit wird das schreibende Reflektieren von Erfolg und Misserfolg, von Fortschritt, Stillstand und Rückschritt zu einem wesentlichen – und nach meiner Meinung unverzichtbaren – Teil des Entwicklungsprozesses. Das zugrunde liegende Prinzip ist banal und fundamental zugleich: Durch das Aufschreiben entsteht eine andere Realität als die, die das Denken allein erzeugt. Die in Worte gefasste, geschriebene Erfahrung hat eine andere Wahrhaftigkeit als die in Worten gedachte, mit ihr muss ich mich anders auseinandersetzen als mit Gedanken, die sich jederzeit und unbemerkt verflüchtigen können.

Das in den vergangenen Jahren wieder sehr aktuell gewordene Tagebuchschreiben (oder auch »Journaling«) nutzt genau dieses Prinzip, genauso wie die vielen stärker strukturierten Varianten der Tages-, Wochen- und Jahresplanung (die künstlerische Version ist das »Bullet Journal«). Ihnen allen ist die Überzeugung gemeinsam – und zugleich auch das Versprechen –, dass mit dem Schreiben, Protokollieren und Reflektieren Ziele verlässlicher, nachvollziehbarer und konsequenter erreicht werden. Vielleicht nutzen Sie solche Ideen bereits und können die Vorschläge, die Sie in den Kapiteln ansprechen, gut in Ihre eigenen, bereits erprobten Aufschreib-Gewohnheiten integrieren. Vielleicht aber finden Sie es auch nützlich, die vorgeschlagenen Arbeitsblätter zu benutzen. Sie sind zur Ansicht im Text abgedruckt und stehen alle im Din-A-4-Format als Download-Material zur Verfügung (s. dazu Seite 4). In jedem Fall aber rate ich, sich die Mühe des Aufschreibens zu machen, auch wenn dies zunächst lästig und überflüssig erscheint. Nutzen Sie zusätzlich zu den Arbeitsmaterialien ein schönes Buch, wenn Sie dies nicht ohnehin schon tun, und gönnen Sie sich die Freude, sich selbst ernst und wichtig zu nehmen und sich Zeit zum schreibenden Nachdenken, Resümieren und Planen zu schenken.

Mutiges Handeln

Womit wir beim nächsten Schritt angekommen sind: dem Handeln. Worauf dann gleich das Üben folgt! Ein starker Selbstwert entsteht durch viele, viele gute Erfahrungen mit sich selbst, die Sie möglich machen, indem Sie alte Pfade, in denen Selbstentwertung die Regel war, verlassen und neue Pfade anlegen, die auf der Selbstwertschätzung aufbauen. Das bedeutet, alte Selbstbewertungsgewohnheiten und Verhaltensmuster aufzugeben und neue zu erproben und einzuüben. Dazu sind die Übungen in den Abschnitten »Konkret im Alltag« gedacht. Je mehr und je öfter Sie sich die Chance geben, etwas Neues auszuprobieren, umso wahrscheinlicher ist es, dass Sie mehr und mehr gute Erfahrungen mit sich selbst machen. Das wird Zeit und Energie kosten, genauso wie Konsequenz und Beharrlichkeit. All das wird Ihnen vermutlich nicht im Überfluss zur Verfügung stehen – trotzdem, auch wenn die Anstrengung groß ist –

Ihr Ziel ist es wert!

P. S.: Die Buch- und Film Tipps am Ende der Kapitel sind auf dem Hintergrund meiner persönlichen Vorlieben entstanden. Ohne den Mut zur Lücke und die Überzeugung, dass sich über Geschmack nicht streiten lässt, gäbe es sie nicht.

P. P. S.: Nun fehlt nur noch die Antwort auf die Frage: »Sind wohlwollende Begleiter und innere Kritiker immer männlich?« Nein, sind sie nicht. Jede Person weiß ganz genau, ob ihr wohlwollender Begleiter weiblich oder männlich ist. Gleiches gilt für den inneren Kritiker. Die persönliche Entscheidung allein zählt.

An sich glauben

Selma

Ich bin ein hoffnungsloser Fall!

Nicht, dass hier irgendjemand denkt, ich wolle dramatisch sein oder ganz besonders auf mich aufmerksam machen. Nein, darum geht es mir nicht. Ich finde auch nicht, dass ich übertreibe. Es ist einfach, wie es ist: Ich bin ein hoffnungsloser Fall, und das nicht erst seit gestern. Eigentlich schon so lange, wie ich denken kann. Und bevor ich selbst denken konnte, haben meine Eltern gefunden, ich wäre ein hoffnungsloser Fall, zu faul, zu verträumt, zu unordentlich, zu verspielt, zu naseweis. Eigentlich alles, woran ich mich erinnern kann, was zu mir gehörte, war nicht richtig: Ich habe gerne mit meinen wenigen Puppen gespielt und ihnen Geschichten erzählt, sollte aber Johannisbeeren von den Stielen zupfen und Bohnen sortieren; ich habe gerne meine Bilderbücher geguckt und später auch gelesen, sollte aber die Hühner füttern gehen und die Eier holen. Ich wollte bei Tisch wissen, warum wir dieses Jahr so wenig kleine Küken haben, sollte aber den Mund halten und den Erwachsenen zuhören, und so ging das immerzu. Irgendwann habe ich dann verstanden, dass es weniger Strafen gibt und mehr zu essen, wenn ich tue, was die Eltern erwarten, und noch später habe ich, glaube ich, verstanden, dass ich lieber schon mal das tue, von dem ich denke, dass sie es erwarten, weil es dann noch weniger Prügel gibt. Aber so sehr ich mich auch angestrengt habe, ich habe niemals, ich buchstabiere n i e m a l s , das Gefühl gehabt, dass ich fleißig genug bin und genug arbeite oder dass mein vorauseilender Gehorsam irgendwie helfen könnte, dass meine Eltern zufrieden mit mir sein könnten.

Ich weiß nicht, mit wie vielen Therapeuten ich in meinem Leben schon darüber gesprochen habe … Doch hat mir das viele Reden darüber nichts oder zumindest wenig genützt. Dabei ist es mir nie darum gegangen, meine Eltern anzuklagen oder ihnen die Schuld an meinem verkorksten Leben zu geben. Das ist mir wichtig, sehr wichtig sogar. Ich weiß genau, meine Eltern haben es auch nicht anders gelernt und so gut gemacht, wie sie konnten, und schließlich kann ich sie nicht verantwortlich machen, denn es ist ja zu jedem Zeitpunkt meine Sache, was ich aus meinem Leben mache, egal, wie mein Leben angefangen hat.

Meine Eltern sind schon lange tot, und auch das hat nichts verändert. Immer noch fühle ich mich wertlos, wenn ich nicht so lange arbeite, bis ich halb tot ins Bett falle, schäme mich, wenn ich nichts Nützliches tue, kann nicht stillsitzen, ohne mindestens etwas Sinnvolles mit den Händen zu tun, kann nichts herumliegen sehen, muss immer alles sofort wegräumen, bin rastlos und gehe damit allen in meiner Umgebung, wirklich allen (!) auf die Nerven. Einzige Ausnahme, – was für eine Überraschung: Als Krankenschwester bin ich eine sehr beliebte Kraft, man kann mich überall hinschicken, keine Arbeit ist mir zu viel, keine Aufgabe zu schwer oder zu unangenehm. Wenn alle anderen schon nicht mehr können und sehnlichst auf die Ablösung warten, wirbele ich immer noch herum und sorge für Ordnung auf Station und zufriedene Patienten in den Betten.

Was ich in den vielen Therapien verstanden habe

Liebe, die nicht an Bedingungen gebunden ist, habe ich nicht erfahren. Stattdessen habe ich erfahren, dass es Liebe erst gibt, wenn ich sie mir verdient habe durch hartes Arbeiten bis zum Umfallen, durch Verzicht und Unterordnung. Da ich aber nie genug gearbeitet habe, nie genug verzichtet habe, mich nie tief genug gebeugt habe, gab es auch keine Liebe, also bin ich kein liebenswerter Mensch. So einfach und so fatal. Ich habe das wirklich sorgfältig geprüft, aber ich kann es nicht anders sagen.

Warum ich mich denn nicht einfach damit abfinde, ein hoffnungsloser Fall zu sein, wenn das doch schon 50 lange Jahre so geht und alles danach aussieht, als gäbe es keine Heilung für diesen Fall …? Darüber habe ich sehr, sehr lange nachgedacht und bin noch richtig ins Grübeln gekommen, denn eigentlich stimmt es ja: Wenn ich denn ein hoffnungsloser Fall wäre, warum dann lamentieren und sich nicht einfach damit abfinden? Es gibt eine naheliegende Erklärung, warum ich trotzdem lamentiere: Es geht mir oft katastrophal schlecht, physisch und psychisch, weil ich mich völlig fertigmache mit der vielen Arbeit. Und ehrlicherweise muss ich gestehen: Es gibt dabei auch wirklich überflüssige und unnötige Arbeit, mit der ich mich plage, nur um dieses erleichterte Gefühl zu haben, dass ich nun wirklich nicht mehr aus mir herausholen kann. Eines Tages werde ich zusammenbrechen, das weiß ich, mein Körper wird das nicht ewig mitmachen, denn schließlich werde ich auch älter und merke jetzt schon, wie er anfängt zu schwächeln. Ja, ich weiß, dann könnte ich sagen: Nun, dann war es eben so. Ich hab's versucht und das ist dabei rausgekommen. Aber in meinem tiefsten Inneren, da muss ich aufrichtig mit mir selbst sein, schlummert ein winziges Fünkchen Hoffnung, dass mein Leben doch noch eine Wende nehmen könnte. Vielleicht ist Wende ein viel zu großes Wort und »eine Art Kurskorrektur« wäre angemessener, das wäre ja schon mal eine Perspektive. Aber ganz ehrlich, da müsste es schon einen ordentlichen Ruck in meiner Gefühlslandschaft geben.

Selmas wohlwollende Begleiterin
Gib dir eine Chance

Liebe Selma,
an dieses kleine Fünkchen Hoffnung, wie du es selbst beschreibst, möchte ich ein Streichholz halten und ein Feuer entfachen in deiner Gefühlslandschaft, ein Feuer des Wohlwollens für dich selbst. Ich weiß, dass du mich nicht willkommen heißt und du dich mit mir unendlich schwertust, dass du mich am liebsten zum Teufel schicken möchtest (was du ja auch immer wieder und regelmäßig tust, wenn du dich so sehr schindest und erst aufhörst, wenn du nur noch eins fühlst, nämlich dass du alles bis auf den allerallerletzten Rest gegeben hast).

Ich störe dich trotzdem, denn du stehst in der Befehlsgewalt des Antreibers, der immer etwas findet, was du noch erledigen könntest, was du nicht gut genug gemacht hast. Dein Antreiber ist allgegenwärtig, und du bist es gewohnt, dass er immer das erste und das letzte

Wort und dazwischen auch noch alle anderen Worte hat. Daran bist du schon dein ganzes Leben lang gewöhnt. Deshalb wird es auch enorm schwer werden, das Feuer zum Lodern zu bringen, denn der Antreiber verbreitet mit seiner Maßlosigkeit eisige Kälte überall, wo er auftaucht. Aber ich lasse mich nicht vertreiben!

Im Gegenteil, ich werde dir in ganz kleinen Schritten, Stückchen für Stückchen, jeden Tag ein kleines bisschen näher rücken, nur ein kleines bisschen, sodass du es fast nicht merkst, und doch wird sich etwas verändern, dessen bin ich ganz sicher! Nur eine grundsätzliche Abmachung müssen wir vorher treffen, die ist entscheidend und ohne die wird es nicht gehen: *Ich darf da sein.* Das hört sich sehr banal an, aber es ist der grundsätzliche Konflikt, in dem du feststeckst. Wohlwollen für dich gibt es nicht. Oder etwas präziser: Wohlwollen gibt es erst, wenn du alle Leistungsbedingungen erfüllt hast. Da du die aber nie erfüllen kannst, weil sie sich ständig verschärfen, gibt es auch kein Wohlwollen. Also habe ich als Stellvertreterin für dein Wohlwollen zwar theoretisch eine Existenzberechtigung, aber praktisch gibt es mich nicht in deinem Leben. Deshalb sagte ich eingangs, dass du es schwer hast mit mir und mich am liebsten zum Teufel schickst. Wir werden nicht weiterkommen, zusammen nicht und du alleine nicht, wenn du nicht diese eine grundsätzliche Entscheidung triffst, *in dir Wohlwollen für dich wachsen zu lassen*, ganz behutsam in winzigen Dosen, stetig, jeden Tag ein kleines bisschen. Dann, und nur dann, wird die Macht der Gewohnheit weichen, dich abzuarbeiten bis zur totalen Erschöpfung. Dann wird sich auch die eisige Kälte deines Antreibers Schritt für Schritt in liebevolle Zuwendung verwandeln können.

Warum ich glaube, dass das möglich ist – trotz aller Fehlversuche und aller Resignation? Ich bin so felsenfest davon überzeugt, weil ich weiß, wie viel Wohlwollen, ja, Liebe du für andere Menschen, für die Tiere und die Natur hast. Dieses Wohlwollen und diese Liebe sind überall in deinem Leben gegenwärtig und, das ist auch noch ungemein wichtig, das Wohlwollen und die Liebe sind nicht an Bedingungen geknüpft. Woher ich das so genau weiß? Zwei Beispiele: Du findest auf deinem Weg zum Einkaufen ein verletztes Eichhörnchen und packst, ohne auch nur eine Sekunde zu zögern und darüber nachzudenken, ob dieses Eichhörnchen es nun wert ist, gerettet zu werden, das arme Tierchen in deine Einkaufstasche und bringst es zum Tierarzt, schenkst ihm einen Nachmittag Wartezeit dort und später viele Stunden für Pflege und Versorgung, bis du es wieder in den Wald bringen kannst. Ein zweites Beispiel: Auf der Station gibt es einen alten Patienten, der grundsätzlich übel gelaunt ist und sehr ungerecht und gemein sein kann. Während deine Kolleginnen und Kollegen diesen Patienten meiden, weil er sie oft grob beschimpft, scheust du dich nicht, in seine Nähe zu gehen und zu versuchen, seine Stimmung durch deine gute Laune und Zuwendung zu verbessern. Auch hier fragst du dich nicht, ob der alte Mann deine Zuwendung wert ist oder ob er sie verdient hat. Du gibst sie ihm – einfach. *Dir selbst* Zuwendung oder Fürsorge zu geben, ist für dich keineswegs einfach, im Gegenteil, es ist wahrscheinlich die schwierigste Übung in deinem Leben überhaupt.

Wo steckst du fest?

Auch wenn es weh tut: Wir müssen genau dort hinschauen und hinspüren, wo du dich am aller-, allermeisten anstrengst und dann doch immer wieder scheiterst, weil du dein Ziel, dir den Wert deiner Person durch Leistung und endlosen Fleiß zu erarbeiten, doch immer nur für einen ganz, ganz kurzen Augenblick erreichst. Denn sobald du erholt bist, dein Körper nicht mehr so unerträglich weh tut, musst du von vorne anfangen, als ob sich der durch Arbeit erreichte Wert wieder ausradiert durch Sichausruhen und Nichtstun.

Der Topf mit dem Loch

Wenn ich mir deine unendlichen Mühen vorstelle, drängt sich mir immer wieder das Bild von einem Topf auf, der ein Loch im Boden hat. Egal, wie viel du hineinfüllst, er wird nie voll, weil das, was du hineingibst, unten wieder herausfließt. Ein noch drastischeres Bild wäre das Fass ohne Boden: Wenn Leistung und Anstrengung nie genug sind, um eine wertvolle und liebenswerte Person zu sein, dann wäre es ziemlich unsinnig, immer weiter und immer mehr Leistung und Anstrengung in das Fass ohne Boden hineinzustopfen, oder? Es hilft also nur eins: Das Loch in dem Topf zu schließen oder das Fass mit einem Boden zu versehen.

Wie kommst du weiter? Was kannst du tun?

Die Einsicht, dass Anstrengung und Leistung zwar wichtige Werte sind, aber dass sie deinen Wert nicht ausmachen, könnte der Ruck in deiner Gefühlslandschaft sein, von dem du gesprochen hast. Diese Einsicht kann dich von dem Zwang befreien, dich wieder und wieder über den Rand der totalen Erschöpfung hinaus zu quälen, denn es ist klar, *so wirst du nicht an das sehnlichst erwünschte Ziel kommen.* Du kannst einen anderen Weg zu dem Ziel wählen, nämlich *Wohlwollen für dich* zu entwickeln und auf diesem Weg Schritt für Schritt zur *Selbstliebe* zu gelangen. Wohlwollen ist nämlich der Stoff, mit dem sich das Loch im Topf schließen lässt, Wohlwollen und Selbstliebe sind die Materialien, die dem Fass den Boden verleihen. Jede noch so kleine Geste des Wohlwollens trägt dazu bei, dass du mehr und mehr den Wert deiner Person aus dir selbst schöpfst und nicht aus der Anerkennung durch andere.

Deine Aufgabe wird es sein, dir jeden Tag etwas Zeit zu nehmen, um mich, deine wohlwollende Begleiterin, zu treffen und mit mir Zwiesprache zu halten. Es geht darum, dass du mit aller Ernsthaftigkeit, dich an unsere Abmachung erinnernd, dem Wohlwollen für dich selbst Raum gibst und erst einmal dich selbst aushältst, wenn du dich nicht bis zur totalen Erschöpfung verausgabst. Es geht darum auszuhalten, dass du nicht erst etwas leisten musst, um genug zu sein. Es wird vielleicht eine ganze Weile dauern, bis aus dem Aushalten Anerkennung für dich und deinen Wert als Person wachsen kann. Und vielleicht ist der Weg dann immer noch ziemlich weit bis zu der tiefen Einsicht, *dass du so, wie du bist, genug bist.* Und vielleicht liegt dann immer noch ein Stück des Weges vor dir bis zu dem *wohltuenden Gefühl des Friedens, genug zu sein.* Aber egal, wie weit er ist – der Weg lohnt sich!

Konkret im Alltag

Nun willst du endlich die Ärmel aufkrempeln und loslegen – das ist GENAU die richtige Einstellung, und du kannst sofort ANFANGEN – mit dem AUFHÖREN!

Ich möchte dir für deinen Weg einen Stufenplan vorschlagen. Mit jeder Stufe werden die Übungen etwas schwieriger, aber auch innerhalb einer Stufe gibt es Abstufungen im Schwierigkeitsgrad. Du kannst auf jeder Stufe so viel und so lange üben, bis du dich sicher fühlst. Du kannst natürlich auch von einer Stufe aus in eine andere hineinschnuppern. Du wirst sicher sehr unterschiedliche Erfahrungen machen: Manche werden dich ermutigen, dich weiter vorzuwagen auf dem Weg, andere werden dich möglicherweise ratlos zurücklassen und dich an dem Sinn deines Tuns bzw. Nichtstuns zweifeln lassen. Meine dringende Bitte: Hab Geduld mit dir, insbesondere auf dem ersten Teil deines Weges. Denn zunächst mutest du dir viel Ungewohntes und aus der Perspektive der alten Bewertungsmuster Unattraktives zu, und die Belohnung für deine Geduld wird sich möglicherweise nur zögerlich einstellen. Eine deiner zweifellos größten Stärken kann dir dabei helfen, damit klarzukommen und nicht aufzugeben: Du kannst unendlich viel und lang aushalten. Auf diesem Weg arbeitet das Durchhaltevermögen für dich, nicht gegen dich: Du ermöglichst dir die Erfahrung, *genug zu sein*, nicht *noch mehr tun* zu müssen.

▶ Stufe 1: Nichtstun – Ruhe aushalten

Eine definierte Zeitspanne einfach sitzen oder liegen – mit offenen oder geschlossenen Augen – und *nichts tun*: Zuerst 3 Minuten, diese 3 Minuten so oft, bis es wirklich gut klappt, ganze 3 Minuten nichts zu tun. Wenn du findest, dass es dir sogar leichtfällt, kannst du in kleinen Schritten die Zeitspanne des Nichtstuns verlängern; aber Achtung: Immer erst dann die Zeitspanne verlängern, wenn es wirklich gut klappt.

▶ Stufe 2: Nichtstun – Achtsamkeit für die Sinne: Sehen, Hören, Fühlen

Wähle einen der drei genannten Wahrnehmungssinne aus und definiere wie beim Nichtstun eine kurze Zeiteinheit, z. B. 3 Minuten, in der du nichts anderes tust, als dich auf diesen Sinn zu konzentrieren. Wenn das gut klappt, verlängere die Zeiteinheit Schritt für Schritt.

Sehen / Betrachten:

- ein Blumenstrauß, das Muster eines Teppichs, ein Mandala, ein Obstkorb, die Katze oder der Hund beim Schlafen, die Vögel am Futterhaus, der Regen auf der Fensterbank, der Wind im Baum …

Hören / Lauschen:

- am besten mit geschlossenen Augen
- die Vögel im Garten, der Regen auf der Fensterbank, der Wind an den Fensterläden, das Murmeln des Baches, das Ticken der Uhr, das Knistern des Feuers (gibt's alles auch per App …)

Fühlen / Tasten

- am besten mit geschlossenen Augen
- ein runder Stein, ein kantiges Holz, ein weicher Stoff, ein Igel-Ball, ein Stück Obst, ein Wollknäuel …

▶ Stufe 3: Etwas nicht tun – etwas lassen

Wenn du mal wieder so richtig mittendrin bist im Wirbeln, Schuften, Aufräumen, Putzen …

- Achte auf Gedanken wie: »Das mache ich jetzt eben auch noch schnell.« oder »Wenn ich schon mal dabei bin …« oder »Die Kleinigkeit kann ich doch gleich miterledigen.« oder:

- Sei besonders wachsam, wenn du dabei bist, dir gerade mal noch schnell die Kante zu geben, weil du ja eh schon kaputt bist.

- In all diesen Situationen sage dir am besten laut »STOPP – MACH SCHLUSS!«, halte inne und höre mit genau dem, was du gerade tust, so schnell wie möglich (!!!) auf.

Also zum Beispiel den Wischlappen in den Eimer und nicht »auch noch« die Kellertreppe putzen; die gebrauchten Tabletts in der Stationsküche reinigen, aber nicht »auch mal eben noch« die Servicewagen auf Station nach gebrauchten Tabletts absuchen.

Ja, das sich sofort einschleichende Gefühl, dass da jetzt etwas nicht stimmt mit dir, musst du aushalten, das ist Teil der Übung. Ich verspreche, es wird weniger und weniger aufdringlich und wird schlussendlich ganz verschwinden, je mehr und je häufiger du übst und dieses Gefühl aushältst.

▶ Stufe 4: Etwas »Unnützes« tun – aushalten, nicht nützlich zu sein

- Spazieren gehen
- mit den Katzen oder dem Hund spielen
- Kreuzworträtsel lösen
- Serie gucken
- malen
- »einfach nur« Musik hören
- »einfach so« Tee oder Kaffee trinken
- »einfach so« durch ein schönes Geschäft bummeln.

▶ Stufe 5: Etwas für dich tun – aushalten, für dich da zu sein

Aufwand *für dich* betreiben, den du unbesehen für andere betreiben würdest:

- Körperpflege mit einem Hauch von Luxus
- dir selbst etwas Schönes nähen, nicht für andere, nichts »Vernünftiges«
- dir etwas schenken; eine Kleinigkeit, eine größere Kleinigkeit oder mehr
- dir einen lang gehegten Herzenswunsch erfüllen.

Wie oft du welche Übungen aus dem Stufenplan umsetzt, musst du selbst entscheiden. Immer sollten zuerst die für dich leichteren Übungen drankommen, bis du dich damit sicher fühlst. Gehe dann erst zur nächsten Schwierigkeitsstufe oder, wenn du innerhalb einer Stufe übst, zur nächstschwierigeren Aufgabe.

Grundsätzlich gilt: Um alte Gefühls- und Verhaltensgewohnheiten effektiv zu verändern, ist es enorm wichtig, das Prinzip des Umlernens bzw. Neulernens so präsent wie möglich im Bewusstsein zu haben. Konkret bedeutet dies, möglichst jeden Tag in möglichst mehreren Situationen etwas anders zu machen als bisher und so eine neue Erfahrung zu ermöglichen, und sei sie noch so minimal. Noch konkreter gesprochen empfehle ich dir, alles daranzusetzen, jeden Tag mindestens eine Übung zu machen. Egal, welche guten Argumente dir dagegen einfallen ...

Du kannst zum Aufschreiben ein Buch benutzen oder einen schönen Wochenplan, wie zum Beispiel den folgenden. (Hier siehst du die verkleinerte Variante des Arbeitsblattes, das Din-A4-Exemplar gibt es zum Download.)

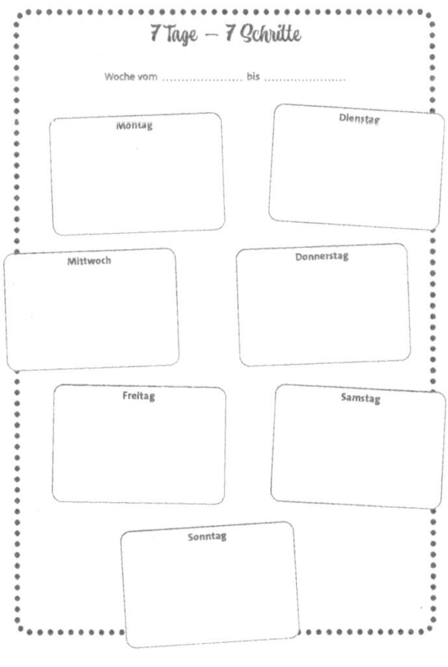

Eine etwas »sparsamere« Alternative ist ein Monatsplan (ebenfalls zum Download, Muster s. unten). Hier kannst du für jeden Tag, an dem du eine (oder mehrere) Übungen geschafft hast, einen Haken machen, das gibt immer ein gutes Gefühl. Außerdem kannst du eintragen, wie schwierig die Übung war. Zudem hat dieser Plan den Vorteil, dass du ihn offen liegen lassen kannst und so dauernd an dein Vorhaben erinnert wirst.

30 Tage – Jeden Tag einen Schritt weiter

Von .... bis ....

Worauf will ich besonders achten? ....

....

....

✓ für jeden erfolgreichen Tag

Tag 1 Tag 2 Tag 3 Tag 4 Tag 5 ....

Tag 6 Tag 7 Tag 8 Tag 9 Tag 10 ....

Tag 11 Tag 12 Tag 13 Tag 14 Tag 15 ....

Tag 16 Tag 17 Tag 18 Tag 19 Tag 20 ....

Tag 21 Tag 22 Tag 23 Tag 24 Tag 25 ....

Tag 26 Tag 27 Tag 28 Tag 29 Tag 30 ....

Meine Herzensbotschaft

Ich weiß, dass es dir ungeheuer schwerfällt, dich auf eine Freundschaft mit dir selbst einzulassen, und spüre die immer wieder aufflackernde Abwehr meiner Vorschläge, dass das so nicht klappen kann, wie ich mir das vorstelle. Ich bin nicht gerne stur und dickköpfig, aber manches Mal – wie dieses Mal – bleibt mir keine Wahl. Ich muss auf der Existenzberechtigung des Wohlwollens für dich selbst bestehen! Das kleine Fünkchen Hoffnung, das du selbst erwähnst, gibt mir den Grund für meine Hartnäckigkeit. Auch wenn sich das Fünkchen im hintersten Winkel deines Herzens versteckt, so ist sein Motiv doch ein Keim von Selbstliebe, der tief vergrabene Wunsch, nicht unterzugehen und vielleicht doch ein etwas glücklicheres Leben zu führen. Dieser Keim von Selbstliebe reicht aus, um all die Mühen auf sich zu nehmen, die Selbstliebe wachsen zu lassen, aktiv, jeden Tag, beharrlich und unbeirrbar. Du wirst dein Ziel erreichen, und ich werde nicht von deiner Seite weichen. Versprochen!

Von Herzen,
Deine wohlwollende Begleiterin

Buch-Tipps

- Michael Ende: *Momo*. Stuttgart: Thienemann, 11. Auflage., 2018
- *Niksen. Die Kunst des Nichtstuns*. Ars edition, 2020

Daniel

Ich bin viel zu weich für diese Welt!

Wissen Sie, welcher Satz mich innerhalb von Millisekunden von null auf 100 bringt, meine Gelassenheit in null Komma nichts in komplette Anspannung verwandelt und mein Denken in dichten Nebel packt? Es ist ein kurzer einfacher Satz: »Du bist einfach zu sensibel.« Sie können sich bestimmt nicht vorstellen, wie oft in meinem kurzen Leben von 35 Jahren bei wie vielen Gelegenheiten ich diesen Satz gehört habe. Auf jeden Fall so oft, in so vielen verschiedenen Situationen, von so vielen verschiedenen Menschen, dass ich erstens aufgehört habe, mich dagegen zu wehren (auch wenn ich, das sagte ich ja gerade, maximal alarmiert bin, wenn ich ihn höre) und dass ich zweitens angefangen habe zu glauben, dass ich tatsächlich zu sensibel für diese Welt bin.

Ein Beispiel, wie früh in meinem Leben das alles schon anfing: Mein Vater war ein passionierter Angler und nahm mich gern zum Fischen mit. Für ihn war es selbstverständlich, dass ich die Fische, die ich geangelt hatte, auch selbst erschlug. Das konnte ich nicht! Lieber stellte ich mich so dumm an, dass der Fisch mir wieder von der Angel ging, als dass ich ihn aus dem Wasser zog, um ihn dann töten zu müssen. Das gefiel meinem Vater gar nicht, und mehr als einmal wurde er deshalb richtig ärgerlich. Zu Hause und bei Freunden wurde er nicht müde, sich ausführlich darüber auszulassen, dass ich um jeden Preis vermied, Fische zu töten. Als mein jüngerer Bruder dann alt genug war zu angeln und die Fische, die er fing, auch zu erschlagen, hat er lieber ihn mitgenommen. Leider blieb mein Vater aber dabei, die Geschichte von seinem Ältesten zu erzählen, der zu sensibel sei, Fische zu töten. Ich war unendlich froh, als ich nicht mehr mit ihm zum Angeln gehen musste. Wie sehr habe ich mich in den Runden, in denen mein Vater mich verhöhnte, geschämt …

Genauso ging es mir mit Mutproben in der Schule. Ich habe es gehasst, gemein gegen Schwächere zu sein, ihnen Brillen oder Krücken wegzunehmen und sich am Schaden anderer zu freuen. Natürlich wurde ich lauthals von meinen Schulkameraden verhöhnt, wenn ich mich vor solchen Mutproben drückte, und wurde nicht selten Opfer solcher »Streiche«.

Ähnlich war es mit Märchen und Abenteuergeschichten: Mord und Totschlag, Krieg und Elend haben mir immer Angst gemacht und mich schlecht träumen lassen. Ich weiß nicht, wie oft ich deswegen ausgelacht und gehänselt wurde, bis ich gelernt hatte, meine Angst zu überspielen oder zu verstecken. Heimlich habe ich mich immer nach Geschichten gesehnt, in denen es friedlich zugeht, in denen von Träumen und Zauberei die Rede ist, in denen die Helden und Heldinnen Gutes tun und edle Menschen, keine Barbaren sind. Von solchen Geschichten ist mir nicht schlecht geworden, ich musste mich nicht vor dunklen Gestalten verstecken, die mich in meinen Träumen verfolgten. Im Gegenteil, sie beflügelten meine Fantasie und schenken mir Gefühle von Sicherheit und Geborgenheit.

Während ich das erzähle, fallen mir noch zig andere Sätze ein, die ich wieder und wieder gehört habe, die dazu führten, dass ich mich unwohl in meiner Haut fühlte und gerne in eine andere geschlüpft wäre: »Du hast eine viel zu dünne Haut; leg dir mal ein dickeres Fell zu; du nimmst das alles viel zu schwer; du musst auch mal deine Ellbogen benutzen; stell dich nicht so an; nimm dich nicht so wichtig; du musst auch mal was wegstecken können; du hörst die Flöhe husten; lass das alles mal hinter dir« …

Ja, ich bin sensibel, ich bin empfindlich, nachgiebig, weich, wachsweich sogar. Ja, ich benutze meine Ellbogen nicht gerne. Ja, ich habe mich zurückgezogen, anderen oft den Vortritt gelassen, mich nicht für meine Interessen und Bedürfnisse eingesetzt, habe mich rumschubsen lassen und den Mund fast nie aufgemacht, auch wenn ich etwas Wichtiges zu sagen gehabt hätte. Ja, ich habe mich klein gemacht, auch wenn ich mich tief drinnen groß gefühlt habe.

Wie es mir damit geht und wie ich mich dabei fühle? Mies, ganz mies! Ich schäme mich vor mir selbst und verachte mich, weil ich den Mut nicht habe, mich zu zeigen, so wie ich bin, den Mut nicht habe, wehrhaft zu sein und für mich einzustehen. Seien wir mal ehrlich – so benimmt sich ein Waschlappen, die Leute haben recht! Ich habe mich zurückgezogen und in Watte gepackt und mit mir genau das gemacht, was ich von anderen immer gehört habe: »Dich muss man immer in Watte packen!«

Daniels wohlwollender Begleiter
Du bist ein Schatz für diese Welt

Lieber Daniel,
»So ein Quatsch«, höre ich dich lauthals protestieren, »›Schatz‹, wie kommst du denn auf so einen Blödsinn? Jetzt fang mir auch noch von Reichtümern an, dann platze ich vor Lachen.«

Ich glaube, lieber Daniel, du bist vor allem traurig und verzweifelt. Du wirkst rundherum unzufrieden und ganz und gar nicht einverstanden mit dir. Statt dich nun zu beschwichtigen und mit Sätzen wie »Ist doch alles nicht so schlimm.« oder »Nimm es nicht so wichtig.« zu trösten, möchte ich dir einen Vorschlag machen: Lass uns mal die Watte wegnehmen und zusammen schauen, was da unter der dicken Schutzschicht aus Rückzug und Abwehr zum Vorschein kommt.

Ich begleite dich nun schon eine ganze Weile und habe zum Glück viel Gelegenheit gehabt, dich in solchen Momenten, in denen du dich zurückziehst, zu beobachten und dich dabei ziemlich gut kennenzulernen. Besonders intensiv habe ich dich in Situationen erleben können, in denen du allein warst, oder in einigen wenigen, in denen du dich absolut sicher gefühlt hast. Wie ich dich dann erlebe?

- Du bist empfindsam (nicht empfindlich!).
- Du bist einfühlsam.
- Du kannst gut zuhören.
- Du kannst gut denken.
- Du wägst sorgfältig ab, bevor du Urteile oder Entscheidungen fällst.
- Du magst keine Unordnung und keinen Lärm.

- Du bist gern allein oder nur mit sehr wenigen Menschen zusammen.
- Du kannst sehr beharrlich Ziele verfolgen, wenn sie dir wichtig sind.

Das alles (und noch viel mehr) liegt schon mal in deiner persönlichen Schatzkiste. Auch wenn du jetzt wieder meinst, protestieren zu müssen – bitte halte inne und frage dich ganz in Ruhe, mit Abstand zu all den Situationen, in denen du dich unter Druck gesetzt fühlst oder selbst unter Druck setzt: Treffen die Beschreibungen auf dich zu? Findest du dich darin wieder? Vielleicht nicht in allen vorstellbaren Situationen, aber doch grundsätzlich im Großen und Ganzen?

Ich weiß, es fällt dir schwer, Positives an dir anzunehmen. Das ist ein Teil des Dilemmas, in dem du feststeckst. Und trotzdem, es gibt eine tief verborgene Seite in dir, die weiß und bejaht, dass der anerkennende und wertschätzende Blick auf deine Sensibilität und Weichheit gerechtfertigt ist. Diese Seite in dir möchte ich gerne unterstützen und stärken.

Wo steckst du fest?

Du hast den anderen die Macht gegeben, über dich zu urteilen. Sie dürfen Noten verteilen für deine Persönlichkeitseigenschaften und dürfen auch noch darüber entscheiden, ob und wie du in diese Welt passt. Sie haben damit die Definitions- und Bewertungsmacht für deine Person. Und da du in der Regel ihre Bewertung übernimmst, ist deine eigene Bewertung deiner Person identisch mit der Bewertung deiner Person durch die anderen. Solange du also den anderen die Bewertungsmacht gibst – und diese anderen finden, du seist zu sensibel für diese Welt –, kannst du dich mit deiner Sensibilität nicht besser fühlen.

Bei dir (wie bei vielen anderen sensiblen und introvertierten Menschen) haben die Bewertungen und Entwertungen früh in der Lebensgeschichte angefangen und tiefe Spuren hinterlassen. Selbst im Erwachsenenalter sind diese Spuren oft noch wirksam, und es braucht auch einige Anstrengung, neue Wege zu gehen und damit neue Spuren anzulegen.

Solange wir Kinder und Jugendliche sind, haben die Erwachsenen oft die Definitions- und Bewertungsmacht, oft genug ist sie an Liebe (»Mein Junge ist tapfer und weint nicht.«) und Anerkennung (»Das ist eine sehr gute Leistung, eine glatte Eins.«) geknüpft. Und auch im Erwachsenenalter kommt es oft genug vor, dass enge Bezugspersonen (»Stell dich nicht so an.«) oder Vorgesetzte (»Da hätte ich aber eine reifere Leistung von Ihnen erwartet.«) Macht durch Bewertung ausüben. Aber – und das ist der eminent wichtige Punkt – unser Ich ist im Erwachsenenalter grundsätzlich stark genug entwickelt, diesen Bewertungen einen eigenen Wert und einen eigenen Standpunkt entgegenzusetzen, auch wenn uns immer mal wieder der Mut dazu fehlt. Das alles Entscheidende ist, dem eigenen Wert und der eigenen Bewertung so viel Gewicht zu geben, dass in erster Linie diese Bewertung dein Handeln und auch dein Denken und Fühlen steuert. Ja, ich sage »in erster Linie« und meine damit: Dass deine Bewertung an erster Stelle steht, wohl wissend, dass es auch die Bewertungen anderer gibt, die zu berücksichtigen sind. Manchmal können diese Bewertungen hilfreich sein, besonders, wenn sie uns andere Perspektiven als die eigene zeigen. Sie können aber auch sehr schädlich sein, wenn sie darauf zielen, dich zu entmutigen und zu schwächen.

Wie kommst du weiter? Was kannst du tun?

Spontan, ohne lange nachzudenken, würde ich sagen: »Packe alle deine ›sensiblen‹ Eigenschaften in deine Schatzkiste, setze dich obendrauf und baumle mit den Beinen. Immer dann, wenn du eine Gelegenheit siehst, einen oder mehrere dieser Schätze zu nutzen, öffnest du die Kiste und setzt mit großem Vergnügen deine sensiblen Stärken ein.«

Da ich nun weiß, dass du etwas Zeit brauchst, um dich mit der Idee einer Schatzkiste voller sensibler Eigenschaften anzufreunden, fange ich doch lieber anders an:

Der erste und wichtigste Schritt ist, dass du dir die Bewertungsmacht wieder aneignest und selbst entscheidest, wie du zu deinen Persönlichkeitseigenschaften stehst, wie du sie als Stärken nutzen kannst und in welchen Situationen du achtsam und wachsam mit ihnen sein möchtest. Dazu lohnt es sich, deine sensiblen oder introvertierten Eigenschaften noch einmal in aller Ruhe und mit wohlwollendem Blick anzuschauen und dir klarzumachen, was du selbst an ihnen schätzt, wann sie für dich hilfreich oder nützlich sind und – ja – natürlich auch, wann sie für dich schwierig oder sogar störend sind. Das wird dir gelingen, wenn du bereit bist, deine Grundeinstellung zu deinen sensiblen und weichen Seiten zu ändern. Das bedeutet, dass du dich auf den Weg machst, sie als Stärken, die dich reich machen, zu sehen und dann auch als solche einzusetzen, und nicht als Schwächen, die dich benachteiligen und ins Hintertreffen bringen.

Auf diesem Weg kannst du auch noch lernen, mit deinen Stärken bewusster umzugehen und sie genau dann, wenn du sie wirklich gebrauchen möchtest, einzusetzen, und dann, wenn du genau das nicht willst, weil die Stärke in diesem Moment nicht wirklich sinnvoll einzusetzen ist, es auch nicht zu tun.

Ein offenes Ohr für den Freund – kein offenes Ohr für den Nachbarn

Zur Veranschaulichung schildere ich zwei Situationen, in denen es ums Zuhören geht, was es bedeutet, eine Stärke bewusst zu nutzen – oder eben auch nicht.

Du hast dich mit einem guten Freund auf ein Bier in einer Kneipe verabredet. Ihr habt euch eine Weile nicht gesehen und wollt euch in aller Ruhe austauschen. Schnell kommt der Freund auf seine Schwierigkeiten mit seiner Chefin zu sprechen, die ihn sehr belasten und unglücklich machen. Es fällt dir nicht schwer, ihm zuzuhören und ihm das Gefühl zu vermitteln, dass du ihn verstehst und gerne zusammen mit ihm nach Lösungen suchen möchtest. Gern gibst du ihm dafür von der gemeinsamen Zeit, die er braucht.

Ganz anders kann dein Verhalten aussehen, wenn der Nachbar, der gern mal zwischendurch ein Schwätzchen hält, dir in aller Ausführlichkeit von seinen Urlaubsplänen erzählt, obwohl er dich eigentlich nur kurz mal fragen wollte, ob du seinen Briefkasten während seiner

Abwesenheit leeren kannst. Nun hast du aber gerade etwas anderes vor, als zuzuhören. Prinzipiell würde es dir in der Situation natürlich leichtfallen, zugewandt zu sein und geduldig zuzuhören, aber du darfst auch entscheiden, in dieser Situation höflich und zugewandt zu sein, ohne dem Nachbarn viel von der Zeit zu schenken, die du gerade nicht hast.

Dein *Wachstumsprogramm* würde also etwa so aussehen:

- »Sensible« Stärken identifizieren – auf Schatzsuche gehen.
- »Sensible« Stärken anerkennen – die Schatzkiste packen.
- »Sensible« Stärken bewusst einsetzen – die Schatzkiste nutzen.

Konkret im Alltag

▶ »Sensible« Stärken identifizieren – auf Schatzsuche gehen

Nimm dir Zeit, in Ruhe darüber nachzudenken, welche von *deinen* Persönlichkeitsmerkmalen, Eigenschaften und Fähigkeiten zu deiner sensiblen, weichen, verletzlichen, introvertierten, stillen ... Seite gehören. Mache eine Liste oder auch eine Mindmap mit allem, was dir dazu einfällt. Vielleicht musst du dir dafür auch zwei oder drei Mal Zeit nehmen und dich in der Zwischenzeit in Bezug auf diese Frage im Alltag beobachten. Du kannst auch folgende Sammlung zu Hilfe nehmen. Markiere die Merkmale, die du bei dir findest.

Nachdenklichkeit   Vorsicht   Empathie

Beharrlichkeit   Verlässlichkeit   Schreiben

Einfühlungsvermögen   Ruhe   Substanz

Konzentration   analytisches Denken   Unabhängigkeit

Großzügigkeit   Phantasie   Zuhören können   Feinsinnigkeit

Feines Gespür   Geduld   Kreativität

Sinn für Schönheit   Besonnenheit   Herzlichkeit   Leidenschaft

Mut   Fairness   Aufrichtigkeit   Spiritualität

▶ »Sensible« Stärken anerkennen – die Schatzkiste packen

Jetzt wähle aus deiner Liste die *vier bis sechs* Eigenschaften aus, die du für dich *am charakteristischsten und am wichtigsten* findest. Die kommen in deine Schatzkiste (s. Download-Blatt, unten zur Ansicht).

Schatzkiste

Meine sensiblen Stärken

1. ……………………………………………

2. ……………………………………………

3. ……………………………………………

4. ……………………………………………

5. ……………………………………………

6. ……………………………………………

Nun folgt der wichtige Schritt, dir selbst noch einmal klarzumachen, weshalb diese Merkmale, Eigenschaften oder Fähigkeiten *Stärken* sind, was *gut* an ihnen ist, wobei sie dich *unterstützen* oder *stärken* können. Damit wird ihr Potenzial beschrieben, die Chancen, die sie bieten. Da wir aber wissen, dass die Chancen auch Risiken mit sich bringen, müssen wir diese auch bedenken, und deshalb gehören sie unbedingt mit auf die Liste.

Für das Zuhörenkönnen kann das wie im Beispiel unten aussehen, das Din-A4-Blatt zum selbst Ausfüllen gibt es zum Download.

Sensible Stärken

Chancen	Risiken
1. Zuhören können	
Gibt dem Gesprächspartner das Gefühl, wichtig und ernst genommen zu werden; hilft, komplizierte Probleme zu verstehen; ermutigt andere, sich im Gespräch zu zeigen; erlaubt, Zwischentöne zu hören …	Wird möglicherweise von Personen ausgenutzt, sich in den Mittelpunkt zu stellen, ohne dass sie wirklich die Absicht haben, sich zu zeigen; man kann als »Klagemauer« oder »seelischer Abfalleimer« benutzt werden; Zuhören kann als schweigendes Einverständnis missgedeutet werden.

▶ »Sensible« Stärken bewusst einsetzen – die Schatzkiste nutzen

Wenn du das Gefühl hast, dass die Reflexionen zu Chancen und Risiken deiner »sensiblen« Stärken einigermaßen vollständig sind und die Sonnen- und Schattenseiten der einzelnen Merkmale oder Fähigkeiten dir ziemlich klar sind, geht es an die Übertragung in den Alltag. Und damit kommt das tägliche Üben, aktiv mit den eigenen Stärken umzugehen. Sie dort ganz bewusst zu nutzen, wo sie hilfreich sind, wo sie dich weiterbringen, dir ein gutes Gefühl geben und dich stärken. Und es auch nur dann zu tun – und eben nicht, wenn sie dich schwächen. Los geht's!

Du wählst für einzelne Tage oder auch eine ganze Woche ein Merkmal oder eine Fähigkeit aus, auf die du dich bei deinen Aktivitäten ganz besonders konzentrieren möchtest. Dann beobachtest du zunächst,

1. wie sich dieses Merkmal (oder diese Fähigkeit) zeigt,

2. wie ausgeprägt es ist und
3. ob du zufrieden bist, so wie es ist.

Wenn ja – super! Wenn nein, überlege, was du bei der nächsten Gelegenheit anders machen möchtest.

Zum Planen und Protokollieren kannst du das Blatt zum Download benutzen. Ein Muster (Ausschnitt des Blattes) siehst du hier:

Die Schatzkiste im Einsatz

Tag 1 (Wochentag, Datum):

Welches Merkmal/welche Fähigkeit

1. Wie zeigt es/sie sich? ....
2. Wie stark? ....
3. Zufrieden? JA NEIN

Was möchtest du anders machen? ....

....

Alle folgenden Wochentage werden auf die gleiche Art ausgefüllt.

Meine Herzensbotschaft

Abraham Maslow, einer der Begründer der Positiven Psychologie (sie richtet den Blick insbesondere auf die Stärken der Person), ist für mich dein Herzensbotschafter, lieber Daniel. Er sagt: »In any given moment we have two options: to step forward into growth or step back into safety.«* Wenn du dich auf den Weg nach vorn machst, zu dir zu stehen, auch wenn die anderen dich gerne anders hätten, dann bedeutet das Entwicklung und Wachstum für dich. Das ist ein anstrengender Weg,

* Meine Übersetzung: »Wir haben in jeder Situation zwei Möglichkeiten: den Schritt nach vorn hin zum Wachstum oder den Schritt zurück in die Sicherheit.«

der nicht frei von Verunsicherung und Verwirrung sein wird. Aber jeder Schritt wird dich mit einem wachsenden Gefühl von innerer Überzeugung und Zuversicht belohnen, dass du genau richtig bist, so wie du bist: sensibel und still, leise und voller Zwischentöne, nachdenklich und nach innen gekehrt, zugewandt und einfühlsam. Du kannst, nein, du sollst dich der Welt zumuten, du bist wichtig für diese Welt.

Von Herzen,
Dein wohlwollender Begleiter

Buch-Tipps

- Andrea Brackmann: *Jenseits der Norm – hochbegabt und hoch sensibel? Die seelischen und sozialen Aspekte der Hochbegabung bei Kindern und Erwachsenen*. Stuttgart: Klett-Cotta, 11. Auflage 2020
- Matt Haig: *Mach mal halblang. Anmerkungen zu einem nervösen Planeten*. München: dtv, 2019
- Sylvia Löhken: *Leise Menschen – gutes Leben. Das Entwicklungsbuch für introvertierte Persönlichkeiten*. Offenbach: Gabal, 2. Auflage 2017

Film-Tipp

- *The King's Speech*. 2011, Regie: Tom Hooper

Zu sich stehen

Meike

Ich bin nicht schön, schlank, sportlich ... genug!

Eigentlich habe ich allen Grund, zufrieden und glücklich zu sein. Ich bin Mitte dreißig und gesund, habe einen wunderbar aufgeweckten vierjährigen Sohn und bin mit einem liebevollen Mann glücklich verheiratet. Wir haben beide einen attraktiven Beruf und leben in einem zauberschönen Häuschen, das wir von meiner Großmutter geerbt haben. Auch materiell geht es uns so gut, dass wir uns selbst in Krisenzeiten keine Sorgen machen müssen.

Und doch erlebe ich meinen Alltag als ständigen Kampf. Kampf mit mir selbst, mit den eigenen Vorstellungen, wie ich zu sein habe, was ich zu tun habe, wie ich auszusehen habe, wie viel Zeit ich womit verbringe. Oder anders gesagt: *So wie ich bin, bin ich nicht richtig!* Immer habe ich etwas an mir auszusetzen, kann mich nicht in Ruhe lassen und scheuche mich vor mir selbst her. Das geht mit dem Aussehen los und hört mit der Leistung im Beruf und meiner Rolle als Mutter auf. Ein einfaches Beispiel: Seit ich denken kann, genau genommen seit der Pubertät, wiege ich drei bis fünf Kilo zu viel und bin mit meinem Aussehen nie zufrieden. Ich erlaube mir deshalb nicht, figurbetonte Kleider zu tragen oder mit den Farben mutig zu sein, weil ich nur ja nicht auffallen möchte. Sport, der ja schließlich auch dazu beitragen könnte, besser auszusehen, mache ich natürlich viel zu wenig und schon gar nicht regelmäßig genug. Ich könnte so weitermachen mit meinem Job und meiner Rolle als Mutter, aber es ist immer dieselbe Leier. Eigentlich langweile ich mich selbst damit und gehe mir fürchterlich auf die Nerven: *Ich mache es nicht richtig, ich könnte es besser machen, ich habe mich nicht genug angestrengt und so weiter …*

Das Schlimme an alldem ist, dass ich ja weiß, wie unsinnig diese ganze Kämpferei ist. Ich nehme beispielsweise mit enormer Anstrengung zwei bis drei Kilo ab, um sie in den darauffolgenden Wochen wieder zuzunehmen. Ich verordne mir ein strenges Sportprogramm, um kläglich schon in der zweiten Woche daran zu scheitern. Ich kaufe mir eine enge Hose und ziehe sie dann doch nicht an.

Und da ist noch was: Im Grunde ist mir ja klar, wie wenig die drei oder fünf Kilo für mich als Person zählen, dass es eigentlich keinen Unterschied für meinen Wert macht – für mich nicht und auch für meinen Mann nicht. Im Gegenteil, er wird nicht müde mir zu sagen, dass er mich genau so liebt, wie ich bin. Und dass ich endlich aufhören soll mit meiner unsinnigen Selbstkritik. Auch wenn in meinem Kopf das alles glasklar ist, wenn ich einen Badeanzug anziehen soll, sind diese weisen Einsichten wie weggepustet, null und nichtig. Stattdessen kriege ich schlechte Laune, werde ungerecht gegen andere und unausstehlich. So ein Tag ist dann ruckzuck gelaufen. Und von solchen Tagen gibt es viel zu viele. So sehr ich mich anstrenge, ich kann das einfach nicht abstellen, diese ewige Mäkelei an mir selbst und alles, was daraus folgt: schlechte Laune, Gereiztheit, Ungeduld, Frustessen …

Meikes wohlwollende Begleiterin
Du bist wie du bist

Liebe Meike,
der Anfang deines Briefes rührt mich sehr, denn du beschreibst mit wenigen, sehr treffenden Worten, wie groß dein Glück ist. Und wie dir im ewigen Kleinkrieg um ideales Aussehen und Perfektion der Blick und das Gefühl für genau dieses Glück verloren gehen, wie du darin stecken bleibst und dich selbst dabei nicht leiden kannst. Ich verstehe gut, dass dir deine kritischen Gedanken und deine weisen Einsichten nicht weiterhelfen, auch wenn du schon lange eingesehen hast, wie sinnlos und überflüssig utopische Schönheitsideale und das ständige Streben nach Perfektion sind.

Was läuft da schief? Wo steckst du fest?

Du bist stehen geblieben bei der Erkenntnis und hast den nächsten Schritt nicht gemacht. Du hast das Wissen (»Im Kopf ist das alles glasklar!«) noch nicht mit deinem Handeln verknüpft, und es sieht so aus, als hätten diese beiden Ebenen nichts miteinander zu tun. Das zeigt sich beispielsweise, wenn du wieder einmal ein neues Abnehm-Buch kaufst – diese Mal das ultimativ richtige – und sich bei dir schon nach den ersten Seiten die Zweifel einschleichen, ob du dieses Mal durchhältst. Da fehlt ganz klar die Verbindung zwischen Denken, Fühlen und Handeln. Hier kommen nun das Annehmen und Bewerten ins Spiel, und diese beiden Aktivitäten unseres Ichs sind wiederum eng verknüpft mit dem Fühlen. Mich erinnert das an den Spruch »Die Rechte weiß nicht, was die Linke tut.«, in dem ja genau das gesagt wird, dass zwischen den beiden Seiten keine vermittelnde Instanz tätig ist. Wenn wir uns nun vorstellen, dass zwischen linkem Arm und rechtem Arm das Herz vermitteln könnte, es liegt ja immerhin dazwischen auf dem Weg von rechts nach links, dann wären wir bei genau dem, worum es geht: Das Herz (die bewertende und fühlende Instanz des Ichs) nimmt an, was der Kopf erkennt, und richtet das Handeln danach aus. Vor diesem Schritt hast du Halt gemacht und bist in deinen Idealvorstellungen stecken geblieben, misst dich dauernd an ihnen und kannst nicht aufhören, an dir herumzukritisieren.

Im Multiplex-Kino

Ich nehme mal ein Bild zu Hilfe.

Wenn du ins Kino gehst, kannst du in der Regel zwischen mehreren Filmen wählen. Du entscheidest dich für einen, kaufst eine Karte und setzt dich in den entsprechenden Raum. Hin-und-her-Laufen gibt's da nicht. In deinem *Kopfkino* laufen mindestens zwei Filme gleichzeitig. Der eine handelt vom Leben, so wie es gerade ist, die Realityshow sozusagen. Ein Film vom Alltag, von Tagen, die trotz und mit all den guten Vorsätzen viel zu schnell vergehen, von den vielen Dingen, die erledigt werden wollen, wo doch immer die Zeit zu knapp ist, von den unzähligen E-Mails, die nicht beantwortet sind, von der kalorienarmen Rohkost, die einem Käsebrot zum Opfer gefallen ist. In diesem Film sind die Speckrollen da, wo sie immer waren, inklusive der unerbittlichen Tendenz zur Ausbreitung. Hier ist das Make-up nicht so perfekt, wie die Stilberaterin es empfehlen würde. Aber in diesem Film gibt es auch die Kinder, die zum Pfannkuchenessen so gerne ihre Freunde mitbringen. Hier tobt die Bande, die lärmend Spaß daran hat, das Wohnzimmer zum Piratenschiff zu machen und dort Seeräuberschlachten zu gewinnen. Das ist dein Multiplex 1: Es ist immer was los, meist wahrscheinlich zu viel, manchmal ist es aber auch langweilig, manchmal definitiv zu aufregend.

Im Multiplex 2 läuft das Kontrastprogramm: Hier ist die Hauptdarstellerin die Traumfrau, Traummutter, Traumpartnerin, genau die, von der wir immer träumen, wenn wir endlich die beste, schönste, kompetenteste und klügste Version von uns selbst geworden sind. Keine Frage, wie diese Powerfrau dasteht inmitten des tosenden Alltags …

Liebe Meike, du ahnst, worauf die Geschichte hinausläuft. Du läufst in deinem Kopfkino zwischen Multiplex 1 und Multiplex 2 hin und her, statt in 1 sitzen zu bleiben, den Film, sprich das Leben, zu genießen und dort all die Energie einzusetzen, die du hast! Und natürlich – immer, wenn du in Multiplex 2 sitzt, kommst du dir im wahren Leben, deinem grauen Alltag ziemlich unzulänglich vor.

Das Bild zeigt dir klar, wie du aus der Falle rauskommst: Das Leben spielt im Alltagskino, die Hauptdarsteller sind die Alltagshelden mit Macken und Schrammen, Ecken und Kanten. Sie sind einzigartig und liebenswert, unvergleichlich und wunderbar. Die Botschaft ist: *Steh zu dir, nimm dich an und in die Arme, genau so wie du bist, ohne Wenn und Aber, kompromisslos und radikal!*

Natürlich kannst du dir die Option offenhalten, damit erst anzufangen, wenn du schöner, schlanker, disziplinierter … xxx … geworden bist. Das heißt aber, du wirst weiter zwischen Alltagskino und Märchenkino hin und her laufen, dir deinen einzigartigen Alltag vermiesen, indem du dir deine unerreichbaren Ideale vor die Nase hältst, ihnen hinterherjagst und dich runtermachst, wenn du sie mal wieder verpasst hast.

Nun sagst du: »Ich weiß ja, dass das Quatsch ist, aber ich kann damit nicht einfach aufhören.« Da höre ich: »Ich kann damit einfach nicht aufhören, denn wenn ich aufhöre, muss ich mich so nehmen, wie ich bin – und damit will ich mich auf gar keinen Fall abfinden!«

Hier gibt es nun ein grundlegendes Missverständnis: Sich annehmen heißt nicht, grundsätzlich Änderungen in der Zukunft auszuschließen. Das ist eine Vorstellung, die vor allem dazu beiträgt, erst einmal Stillstand im Wachstumsprozess herbeizuführen. Dich annehmen bedeutet *wahrnehmen, anerkennen, für wahr halten*, wer und wie du jetzt bist. Du beziehst dich damit auf deine Gegenwart und nicht auf die Zukunft. Aufzuhören, nach unerreichbaren Idealen zu streben, bedeutet demnach nicht, dass du nicht in kleinen *machbaren* Schritten auf ein bestimmtes Ziel hin Veränderungen erreichen kannst.

»Ich kann damit einfach nicht aufhören.« kann auch noch etwas anderes bedeuten, was wir uns unbedingt anschauen müssen. Es kann unbemerkt zur Gewohnheit werden, aus dem Alltag in die Welt der Idealvorstellungen abzudriften, also immer wieder in Kino 2 hängen zu bleiben. Es kann so zur Gewohnheit werden, dass die beiden Filme fast ineinanderfließen und wir gar nicht bemerken, wie die Idealvorstellungen die Macht übernehmen und den Alltag beherrschen, schlechte Laune verbreiten und uns permanent das Gefühl geben, nicht zu genügen. Es spricht Vieles dafür, liebe Meike, dass in deinem erbitterten Kampf die Gewohnheit eine große Rolle spielt.

Lass mich zum Thema Gewohnheiten ein wenig ausholen. Du hast bestimmt schon sehr früh angefangen, nicht nur davon zu träumen, eine andere Bessere, Schönere, Tapfere, Fleißigere (und noch viele andere mehr) zu sein. Und nicht nur davon zu träumen, sondern dir das auch intensiv zu wünschen. Nun gehört dies zum Prozess des Wachsens und Reifens dazu, Entwicklungsziele und Ideale zu haben, nach denen wir streben, die wir wichtig finden und auch unbedingt erreichen wollen. Wenn aber diese Ideale zu weit von dem entfernt liegen, was wir wirklich werden können, und wenn diese Ideale dann die Macht im

Leben übernehmen, indem wir uns ständig und unerbittlich an ihnen messen, dann kann das richtig gefährlich werden. Dann sind wir nämlich viel zu viel damit beschäftigt, was und wie wir nicht sind und was und wie wir noch werden sollen, also mit der schmerzlichen Lücke zwischen unserem Ideal und unserer einzigartigen Realität. Und das hält uns eindeutig davon ab, zu dem zu stehen, wer und wie wir sind, genau jetzt, in diesem Moment. Und damit auch vom Leben im Hier und Jetzt!

Wie kommst du weiter? Was kannst du tun?

Wenn du dich aus tiefstem Herzen entschieden hast, dich so anzunehmen, wie du bist, und wenn du dieses Ja zu dir stabil in dir verankern willst, dann bedeutet das konkret, viele kleine Schritte tagtäglich im Alltag zu machen, die dein Ja zu dir bekräftigen, die es für dich erfahrbar und sichtbar machen. Diese vielen kleinen Schritte, in denen du mit aller Konsequenz und Klarheit zu dir stehst, zeigen dir immer wieder, wie viel Kraft du hast, wenn du deine Energie für deine Realität nutzt, statt sie im aussichtslosen Kampf um die Ideale zu verpulvern.

Konkret im Alltag

- Suche 2, 3, 4 oder mehr Fotos von dir aus, auf denen du dir gut gefällst oder auf denen dir etwas an dir besonders gut gefällt (ein Lachen, ein Blick, eine Geste, ein Gefühl, eine Stimmung).

- Verteile die Fotos in deiner Wohnung, lege eins in deine Geldbörse, eins auf den Desktop deines Computers, alle in ein Fotoalbum auf deinem Handy und mache Favoriten daraus.

- Besorge dir ein besonders schönes Aufschreibbuch und klebe einen großen Abzug deines absoluten Lieblingsfotos von dir innen auf die allererste Seite, so, dass du es immer siehst, wenn du es aufschlägst.

- Das ist dein neues Aufschreib-Arbeits-Nachdenk-Buch. Es könnte auch heißen: *ICH BIN ICH-Buch* oder *Ich-steh-zu-mir-Buch* oder wie du findest, dass es am besten ausdrückt, dass es um dich geht.

- Dieses Buch (und möglicherweise seine Nachfolger) begleitet dich nun so lange, bis die vielen alten quälenden Gewohnheiten (fast) verschwunden sind. Benutze es im ernstesten Sinne des Wortes als *Arbeitsbuch*, in das du *möglichst jeden Tag* etwas hineinschreibst. Zum Beispiel:
  - was dir an dir gut gefallen hat
  - was du geschafft hast
  - was du gut gemacht hast
  - was du ausgehalten hast
  - worüber du gelächelt hast
  - worüber du dich gefreut hast
  - wofür du dankbar warst
  - was du Positives erlebt hast
  - was dir Positives entgegengebracht wurde.

  Je häufiger und je mehr du zu diesen Punkten schreibst und reflektierst, umso mehr Raum und Chancen gibst du dir, in deinem Denken und Fühlen positive Erfahrungen mit dir zu machen und weiterzukommen auf dem Weg, dich selbst anzunehmen.

- Wann immer du dich im Alltag dabei ertappst, dass du dir deine antiquierten aussortierten Ideale vor die Nase hältst (»Das hättest du wirklich schneller, besser, gründlicher … machen können.« oder »Du hättest dir wirklich mehr Zeit für dein Outfit nehmen können.« oder »Du siehst mal wieder fürchterlich aus.«):
  Halte inne und korrigiere liebevoll deinen Kurs!
  Du könntest dir stattdessen sagen: Du hast es so gut gemacht, so schnell gemacht, so gründlich gemacht, wie du konntest! Du hast dir die Zeit genommen, die da war! Du bist, wie du bist, und jetzt siehst du genau so aus, wie es in den Rest deines Lebens hineingepasst hat – fertig!

Auf einer Liste könnte das folgendermaßen aussehen (das Blatt zum selbst Ausfüllen gibt es zum Download):

Antiquierte Idealvorstellungen korrigieren

Antiquierte aussortierte Idealvorstellung **MÄKELN**	Wertschätzende, liebevolle Kurskorrektur **ANNEHMEN**
Das hättest du schneller machen können.	Du hast es so schnell gemacht, wie du konntest.
Du hättest dir wirklich mehr Zeit für dein Outfit nehmen können.	Du hast dir die Zeit genommen, die da war.
Du siehst mal wieder fürchterlich aus.	Du bist, wie du bist. Und du siehst jetzt genauso aus, wie es in den Rest deines Lebens hineingepasst hat – fertig!

- Halte solche Momente, in denen du dich liebevoll korrigiert hast, unbedingt in deinem Buch fest oder
  benutze die Liste. Die hat den Vorteil, dass du sie immer dabeihaben kannst, sodass du *sofort*, wenn du dich bei einer Mäkelei ertappst, reagieren kannst. Schreib deine Mäkelei auf und überlege sofort, wie eine wertschätzende oder liebevolle Reaktion aussehen könnte.

- Tue immer wieder *absichtlich* etwas, was *nicht* deinen alten Idealvorstellungen entspricht, und schreib es auf.
  Zum Beispiel:
  - schmusen statt sprinten
  - relaxen statt stylen
  - lesen statt aufräumen
  - tanzen statt putzen
  - singen statt schminken.

Meine Herzensbotschaft

Auch wenn du müde wirst vom Wiederholen – tu es!!! Die neue Haltung, dich anzunehmen, wie du bist, braucht unvorstellbar viel Übung! Bitte bedenke, wie viele hunderttausend Male du dich runtergemacht hast, statt zu dir zu stehen, dich entmutigt hast, statt dir liebevoll die Hand zu reichen! Die Macht deiner alten Idealvorstellungen zu schwächen und durch ein warmherziges Ja zu dir zu ersetzen bedeutet ständige Aufmerksamkeit und tagtägliche liebevolle Korrektur der alten Gewohnheiten.

Von Herzen,
Deine wohlwollende Begleiterin

Buch-Tipp

- Helen Fielding: *Schokolade zum Frühstück. Das Tagebuch der Bridget Jones*. München: Goldmann, 2001

Film-Tipp

- *Little Miss Sunshine*. 2006, Regie: Jonathan Dayton und Valerie Faris

Nikola

Ich muss es den anderen immer recht machen!

Wenn ich mich irgendwo auf einer einsamen Insel verstecken könnte, würde ich das tun. Ich würde meine Bücher und meinen Computer mitnehmen und wäre froh, wenn ich dort nur in Ausnahmefällen Menschen treffen müsste. Die Begegnung mit Menschen ist für mich immer ungeheuer anstrengend, macht mir meist Angst. Allein schon der Gedanke an zukünftige Begegnungen erfüllt mich mit Sorge, wie diese verlaufen könnten, was ich falsch machen könnte, was ich Falsches oder Missverständliches sagen könnte, wie ich mich falsch oder ungeschickt verhalten könnte, was die Menschen, denen ich begegne, von mir denken könnten, ob sie zufrieden sind oder enttäuscht, traurig oder erfreut, ob ich alles richtig mache oder vieles falsch. Diese Gedankenschleifen vor Begegnungen und natürlich auch nach Begegnungen sind eine endlose Aneinanderreihung von Sorgen-Gedanken, die mich anstrengen und, noch viel schlimmer, davon abhalten, meine Arbeit zu machen. Dabei habe ich davon genug. Denn ich bin eigentlich gerne in der Welt, möchte auch gern etwas bewegen und vielleicht sogar eine Spur hinterlassen – wenn mich nur nicht dauernd quälen würde, ob die Spur, die ich hinterlasse, wirklich gut ist, ob sie Anerkennung auslöst oder zumindest Akzeptanz.

Ich bin Mitte 40, promovierte Biologin und arbeite in diesem Beruf. Gern, kann ich sagen, denn meine Tätigkeit ermöglicht mir Forschung zu einem klimarelevanten Problem – und dazu noch im Labor, in dem ich tatsächlich viele Stunden allein verbringen kann. Gleichzeitig bin ich überzeugte Umweltaktivistin und politisch sehr aktiv. Auch wenn das gar nicht zu meinen Ängsten zu passen scheint, sind mir die Umwelt- und Gesellschaftspolitik so wichtig, dass ich für dieses Engagement die vielen Begegnungen und letztlich auch Auseinandersetzungen mit Menschen in Kauf nehme, auch wenn mich das unendlich viel Kraft kostet wegen der ewigen Gedankenschleifen.

Hier ein sehr typisches Beispiel aus meinem Leben: Ich bin Mitglied in einer Arbeitsgruppe von ca. zehn Aktivistinnen und Aktivisten, die eine Klimaaktion in der Innenstadt vorbereitet. Ich hatte im Vorfeld eine Kontroverse über die Art meiner Öffentlichkeitsarbeit mit einer Kollegin aus diesem Kreis. Die Kollegin hatte mich offensichtlich falsch verstanden und tat mir in der Folge mit mehreren Vorwürfen sehr unrecht, wollte aber das Missverständnis nicht anerkennen und blieb bei ihrer feindseligen und ablehnenden Haltung. Ich war bei diesem Streitgespräch wenig zu Wort gekommen und hatte zudem fast die ganze Zeit mit meinen Tränen gekämpft, für die ich mich zu allem Überfluss auch noch zutiefst geschämt habe. Aus dem Arbeitskreis kam mir niemand zu Hilfe, und so endete das Treffen für alle mit dem Eindruck, ich hätte einen gravierenden Fehler in der Öffentlichkeitsarbeit gemacht und würde dies noch nicht mal einsehen. Die Wut über diese Ungerechtigkeit und die Sturheit der Kollegin, aber vor allem meine Beschämung, so wortlos, mit den Tränen kämpfend Kritik einzustecken, haben mich über Stunden, nein eigentlich Tage, gequält. Ich habe viel geweint und kaum Trost gefunden und konnte erst aufhören, als ich beschlossen hatte, eine E-Mail an alle zu schreiben und das Missverständnis noch einmal ausführlich darzustellen. Reagiert hat darauf keiner, und so gehe ich mit größter Anspannung und geplagt von quälenden Fragen zu dem nächsten Treffen. Mich beschäftigt unentwegt, ob mich überhaupt noch jemand schätzt oder ob ich »unten durch« bin bei den Kolleginnen und Kollegen. Ich spiele ständig mit dem Gedanken, gar nicht mehr hinzugehen. Das wiederum lasse ich mir nun auch nicht durchgehen, weil ich ja hinter der Idee der Klimaaktion auf dem Marktplatz stehe und jetzt nicht als feige oder kritikunfähig dastehen möchte. Also werde ich hingehen. Aber keiner kann ermessen, wie viel Anstrengung das für mich bedeutet.

Wenn ich es recht überlege, ist dies ein sehr krasses Beispiel, denn es gab tatsächlich einen Konflikt, der durch mein Verhalten ausgelöst worden war und sich nicht klären ließ. Viel häufiger geschieht es, dass ich in Unsicherheit und Grübelschleifen gerate, bevor ich mich in einer bestimmten Situation überhaupt irgendwie verhalten habe. Zum Beispiel bei einem regulären Arbeitsgruppentreffen dieser Initiative: Wenn die Diskussionen in diesem Kreis zu sehr ausufern, kann es passieren, dass die Treffen ewig dauern und weit über mein Zeitbudget hinausgehen. Dann beschäftigen mich Fragen wie: Darf ich als Erste gehen? Was denken die anderen dann? Glauben sie dann, dass ich die Diskussion langweilig finde oder mich nicht für ihre Standpunkte interessiere? Muss ich erklären, warum ich jetzt gehen möchte? Soll ich lieber warten, bis ein anderer als Erstes geht und mich dann anschließen? … Meist gehe ich mit den Letzten, wenn das Treffen sich auflöst. Für mich ist das oft viel zu spät.

Nikolas wohlwollende Begleiterin
Du darfst du selbst sein

Liebe Nikola,
ich habe dir sehr genau zugehört und kann gut nachvollziehen, wie viel Anstrengung und Angst es für dich bedeutet, dich in solche Situationen zu begeben. Du beschreibst dich, was den Umgang mit anderen Menschen betrifft, als sehr ängstlich, voller Zweifel und ganz ohne Vertrauen zu dir selbst. Und doch bist du in der Umweltpolitik aktiv, du engagierst dich in gesellschaftspolitischen Fragen und hast dich keineswegs auf eine einsame Insel zurückgezogen. Im Gegenteil, du hast dich der Herausforderung einer Promotion gestellt und sie gemeistert (mit Auszeichnung, wie ich weiß). Dann hast du ein Forschungsfeld gewählt, in dem es kontrovers zugeht und dauernd der Wind aus der Gegenrichtung kommt. Das alles finde ich nicht nur sehr bemerkenswert, sondern großartig! Deine Leistungen als Biologin und dein Engagement für die Umwelt können uns den Weg zu deinen Stärken zeigen. Die sind dir ganz offensichtlich wenig bewusst und können dich deshalb in der Begegnung mit anderen Menschen wenig unterstützen.

Wenn wir das Angstchaos und die Grübelschleifen, in denen du feststeckst, verstehen wollen, müssen wir uns zuallererst deine übermächtige Angst anschauen. Immerzu musst du es den Menschen um dich herum recht machen, denn du hast schreckliche Angst, nicht zu genügen und möglicherweise irgendeine Form von Unmut oder sogar Ärger zu erregen. Den emotionalen Boden für eine solche übermächtige Angst bilden viele schmerzliche Erfahrungen, die in der Regel tiefe Wurzeln in der Lebensgeschichte haben. Aus Erzählungen über deine Kindheit und Jugend weiß ich, dass du es sehr, sehr schwer gehabt hast mit einem jähzornigen Vater, der ein falsches Wort drakonisch bestraft hat, und mit einer ängstlichen Mutter, die dich immer angehalten hat, nur ja dem Vater alles recht zu machen, damit es keinen Ärger gibt. Die ewig drohende Strafe, die gewalttätigen Worte, die Verachtung und Missachtung, ja, der Liebesentzug und das konsequente Ignorieren deiner Person als »gerechte« Strafen für Fehlverhalten, all das pflanzt eine tiefe Angst in ein heranwachsendes Kind ein – die Angst, nicht zu genügen –, verbunden mit der tiefen Überzeugung, nicht liebenswert zu sein. Je gewalttätiger und vernichtender die Strafen oder die Entwertung sind, je früher sie anfangen und je länger sie andauern, umso tiefer und größer sind die Angst und der Zweifel an sich selbst. Sich von dieser Angst zu befreien, erfordert ungeheuer viel Mut und Entschlossenheit. Mut, neue Erfahrungen zu machen und in Kauf zu nehmen, dass einige dieser Erfahrungen schmerzlich sein werden. Und du brauchst Entschlossenheit, dich diesen Erfahrungen trotz aller Angst immer und immer wieder zu stellen, nicht nachzugeben, wenn die Vermeidung als leichterer Weg lockt. Das braucht viel Kraft, liebe Nikola, das weiß ich. Aber ich bin überzeugt, dass du diese Kraft hast, und ich wünsche dir von Herzen, dass dich Mut und Entschlossenheit auf deinem Weg nicht verlassen und du nicht aufgibst, selbst wenn du merkst, dass deine Kräfte schwinden. Ich bin überzeugt, dass dein Mut und deine Willensstärke groß genug sind, diesen Weg zu meistern.

Warum ich so überzeugt bin? Ganz einfach: Deine Schatzkammer ist voller Stärken und Reichtümer! Ich deutete es weiter oben schon an, als ich deine Leistungen und dein Engagement erwähnte. »Was für Schätze und Reichtümer? …«, höre ich dich fragen. »So ein Blödsinn! Ich schlottere vor Angst, wenn ich mit Menschen zusammen bin und etwas sagen oder tun soll, und du sprichst von Stärken und Reichtümern. Das überzeugt mich nicht!« Das wundert mich nicht, fahre ich fort, da bin ich nicht um eine Antwort verlegen. Du schaust nicht in die Ecken deiner Schatzkammer, in der deine Reichtümer verborgen sind, sondern du schaust in deine Angst-Kammer, und da findest du natürlich diese Reichtümer nicht.

Die Villa mit den vielen Zimmern

Ich nehme einmal eines meiner Lieblingsbilder zu Hilfe:

Stell dir eine große prächtige Villa vor. Wenn du sie betrittst, befindest du dich zunächst in einer großen Halle mit vielen Türen, die zu den vielen verschiedenen Zimmern gehören. Manche Türen haben Türschilder, auf denen du lesen kannst, was sich dahinter verbirgt, andere wiederum haben keine, und du musst sie erst öffnen, um herauszufinden, um was für ein Zimmer es sich handelt. Du stimmst mir sicher zu, wenn ich sage, dass die Türen »Angst«, »Grübelschleifen«, »Leistung«, ›«sich bewähren« alle große Schilder tragen, die eigentlich überflüssig sind, weil du die Türen sogar im Schlaf finden würdest. Diese Türen stehen eigentlich immer sperrangelweit offen.

Wenn ich von deinen Schätzen spreche, dann denke ich an die Türen ohne Türschilder. Ich weiß, dass du diese Türen selten öffnest und die Räume kaum betrittst. Aber ich weiß zum Glück auch, dass du bereit bist, dich überzeugen zu lassen, dass tatsächlich hinter diesen Türen Schätze zu finden sind. Ich fange mal mit der wichtigsten Tür an. Die geht dein Herz am meisten an und ist sicher am wesentlichsten für den Weg, auf dem du dich befindest: Hinter dieser Tür findest du Liebe und Freundschaft. Ich weiß, dass es in deinem Leben Menschen gibt, die dich lieben oder mit denen du in tiefer Freundschaft verbunden bist. Du hast mir von ihnen erzählt, und ich habe spüren können, wie sehr dich die Erfahrung von Liebe und Freundschaft nähren kann, – wenn sie dir möglich ist und die Angstbarrieren dich nicht daran hindern. In der Nähe dieses Zimmers findet sich eine weitere Tür »Sensibilität und Einfühlungsvermögen«. Dein Wunsch, zu genügen und es anderen möglichst immer recht zu machen, hat sicher dazu beigetragen, deine Sensibilität und dein Einfühlungsvermögen enorm auszubauen und zu verfeinern. Selbst wenn diese Fähigkeit in vielen Situationen mit Menschen bei Weitem zu differenziert ist und das Viele, was du wahrnimmst, dein Leben anstrengend macht, so ist es trotzdem eine enorm kostbare Gabe, so fein wahrnehmen und fühlen zu können, wie du es kannst. Und dann gibt es noch eine große Tür, die seltsamerweise auch kein Türschild trägt, obwohl die Existenz dieses Raumes doch so offensichtlich ist: »Intelligenz und Klugheit«. Wie gut, liebe Nikola, dass du mich jetzt ausreden lassen musst und nicht zum Schweigen bringen kannst. Ich weiß, dass deine Bescheidenheit und deine Scham dir verbieten, diese Reichtümer wirklich zu schätzen. So sehr, dass du eigentlich verhindern musst, dass laut darüber gesprochen oder geschrieben wird.

Nichtsdestotrotz weiß ich, dass du in der Tiefe deines Herzens diese Schätze anerkennen kannst. Darauf vertraue ich, wenn ich dich bitte, die Türen zu diesen Räumen offen stehen zu lassen und sie immer wieder mit Freude zu betreten, statt sie schamhaft geschlossen zu halten und zu hoffen, dass nur ja niemand ihre Existenz erwähnt.

Nein, ich bin noch nicht fertig! Denn es gibt noch mehr Räume ohne Türschilder. Ich nenne mal einige und vertraue darauf, dass deine Neugier, welche Räume es in dieser Villa noch zu entdecken gibt, stärker ist als die Scham, sich mit den eigenen Stärken und Reichtümern zu beschäftigen: Engagement, Offenheit für die Welt, Wissen, Durchhaltevermögen, Gerechtigkeitssinn … Mehr davon findest du, wenn du selbst auf Schatzsuche gehst!

Wie kommst du weiter? Was kannst du tun?

Du hast sehr eindrucksvoll beschrieben, wie du in deiner Angst und dem damit verbundenen Grübeln feststeckst und unnötig viel Energie verbrauchst. Es wird auch oft genug vorkommen, dass du gar nicht zeigst, was in dir steckt, weil du zu lange zögerst und dann die Gelegenheit dazu verpasst. Nun sind zwei Schritte nötig, die du immer und immer und immer wieder machen musst. Zum einen musst du herausfinden, ob du – wenn du genau so bist, wie du bist – anerkannt, gemocht und sogar geliebt wirst. Das kannst du nur, wenn du dich entscheidest, genau so zu sein, wie du bist, und nicht erst zu überlegen, wie du sein solltest (aus der Sicht oder nach den Wünschen der anderen). Das bedeutet zum Beispiel konkret, genau dann eine Veranstaltung zu verlassen, wenn du sie verlassen möchtest, weil du möglicherweise noch etwas anderes vorhast, und nicht erst dann, wenn andere gehen. Oder ein anderes Beispiel: sich nicht nötigen zu lassen, ein drittes Mal von dem leckeren Kuchen zu nehmen, sondern nach dem zweiten Stück aufzuhören, wenn du satt bist. Dazu gehört in allererster Linie für dich, die Anspannung, auch immer wieder die Angst, auszuhalten, dass die anderen anderer Meinung sein könnten; oder vielleicht nicht einverstanden sind mit dem, was du tust. Das ist extrem anstrengend für dich, das weiß ich. Aber genau hingeschaut tauschst du diese Anstrengung gegen eine andere Anstrengung ein – und das ist ein guter Tausch: Du strengst dich nicht mehr an herauszufinden, was die anderen von dir wollen oder denken könnten, sondern du strengst dich an, es auszuhalten, dass das, was du tust oder sagst, nicht immer allen gefallen könnte. Dabei kann ich eines mit großer Sicherheit voraussagen: Das wird sehr viel seltener vorkommen, als du fürchtest.

Wofür sich nun diese neue Anstrengung lohnt? Du tust das, was du tun möchtest. Du sagst, was du sagen möchtest. Du tust *nicht*, was du *nicht* tun möchtest. Und du sagst *nichts*, was du *nicht* sagen möchtest.

Du wirst dich stärker fühlen und öfter einverstanden mit dir sein, weil du all dem, was dich im Grunde ausmacht, sehr, sehr viel näher sein wirst. Und das musst du üben, mit aller Entschlossenheit, immer und immer wieder!

Dein Übungsprogramm sieht etwa so aus:

- mir meiner Stärken bewusst werden
- meine Stärken nutzen
- üben aufzufallen und beobachten, was passiert
- üben, nicht den (vermuteten) Erwartungen anderer zu entsprechen und beobachten, was passiert.

Konkret im Alltag

► Mir meiner Stärken bewusst werden

Zuerst geht es darum, deine Schatzkammer so genau wie möglich kennenzulernen und dann mit ihr so eng wie möglich vertraut zu werden.

- Versuche es erst einmal mit einem Brainstorming und dem Blatt »Meine Schatzkammer«, was dir selbst zu deinen Stärken, Reichtümern und Schätzen einfällt. (Auf Seite 57 siehst du eine verkleinerte Variante des Blattes, das Din-A4-Blatt gibt es zum Download.) Schreibe alles auf, was dir in den Sinn kommt. Auch wenn du unsicher bist und sich in dir eine kritische Stimme regt, die dich vor Hochmut warnt und zur Bescheidenheit auffordert. Diese Stimme darfst du getrost ignorieren, die gehört – wie die Angst und Unsicherheit – auch zu den schmerzlichen und lähmenden Spuren deiner Kindheit.

- Wenn du dir ausreichend Zeit genommen hast und trotzdem findest, dir fällt nicht genug ein, kannst du auch andere dazu befragen. Für die Personen, die du wählst, sollten zwei Bedingungen gelten: 1. Sie kennen dich gut und 2. sie bringen dir unzweifelhaft Wohlwollen entgegen.

- Schreibe alles, was dir und den anderen eingefallen ist, in die Liste »Meine Stärken«. (Ein schönes Exemplar gibt es als Download). Für den nächsten Schritt kann es hilfreich sein, die Stärken nach ihrer Wichtigkeit und Bedeutung für dich und dein Leben zu ordnen.

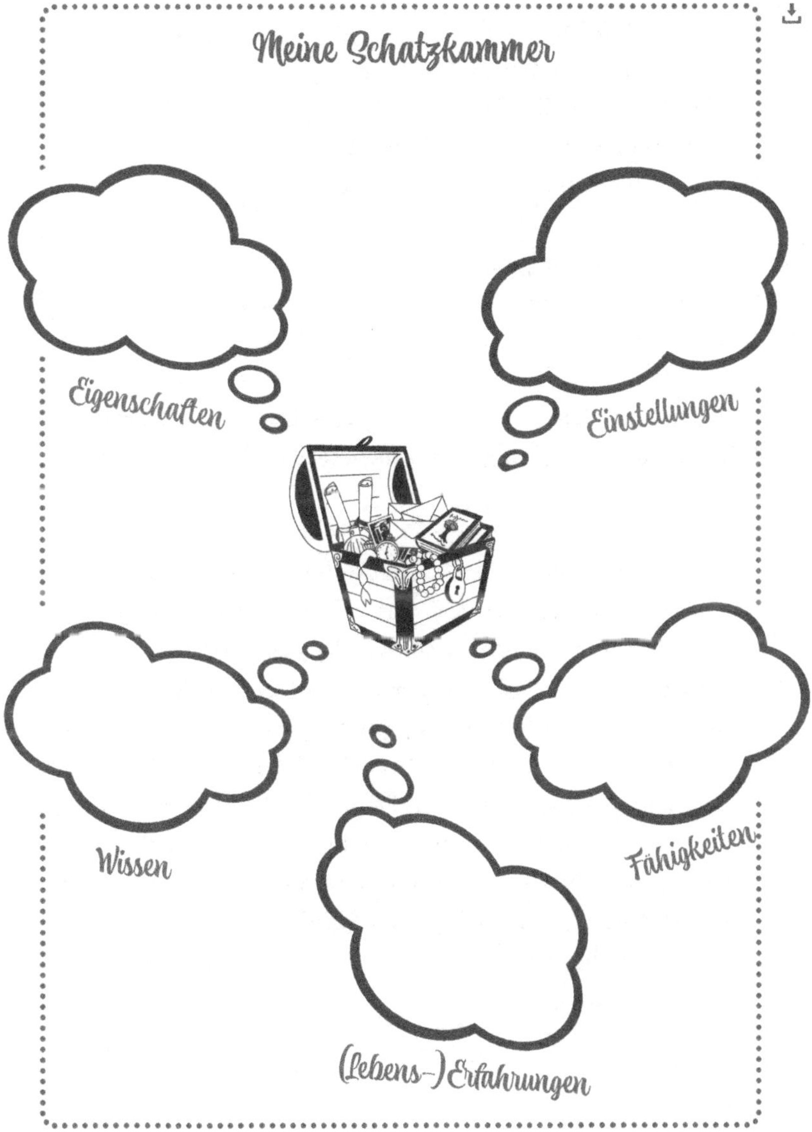

Ich fange mal mit dem an, was mir spontan zu dir einfällt. So eine Anregung kann bei Startschwierigkeiten auf jeden Fall hilfreich sein. Du solltest letztendlich aber unbedingt deine eigene Liste machen, die für dich richtig stimmig ist.

Mögliche Stärken

- Liebe und Freundschaft
- Intelligenz und Klugheit
- Einfühlungsvermögen und Sensibilität
- Engagement und Offenheit für die Welt
- Wissen
- Durchhaltevermögen
- Gerechtigkeitssinn

Noch ein paar Tipps, wie du dir selbst dabei helfen kannst, deine Stärken tiefer und zuverlässiger in deinem (Selbst-)Bewusstsein zu verankern:

- Du kannst entweder den Vorschlag im Text für deine Stärken-Sammlung nutzen oder aber das Blatt mit dieser Sammlung für dich persönlich besonders schön gestalten. Du kannst beispielsweise besonders schönes Papier verwenden, etwas dazu malen oder zeichnen oder aber mit dem Computer etwas gestalten. Das könnte dann auch mal für eine bestimmte Zeit dein Hintergrundbild im Handy oder auf dem Laptop werden. Du kannst die Stärken-Liste auch als Notizen oder Bild speichern und sie dann immer mal wieder anschauen, z. B. wenn du irgendwo wartest oder auch in Situationen, in denen du dich nicht stark oder sicher fühlst. Sich in solchen Momenten die eigenen Stärken zu vergegenwärtigen, kann Kraft und Zuversicht geben.

▶ Meine Stärken nutzen

Nachdem du dir einen guten Überblick über deine Stärken verschafft hast, fängt das Üben an.

1. Schritt:
Wähle eine Stärke aus, auf die du im Laufe eines Tages (oder mehrerer Tage) besonders achten möchtest und beobachte:

- Wie zeigt sie sich?
- Wie macht sie sich bemerkbar?
- Wie nützt sie dir? Wofür ist sie gut?
- In welcher Situation denkst du zwar an sie, aber du setzt sie nicht ein?

Für diese Übung kannst du den Protokollbogen benutzen, den du zum Download findest. Hier siehst du einen Ausschnitt dieses Arbeitsblattes.

Meine Stärken im Alltag

Tag 1 (Wochentag, Datum):

Welche Stärke

1. Wie zeigt es/sie sich? ....
2. Wofür ist sie gut? ....
3. Situationen, in denen du sie nicht nutzt? ....
4. Gedanken dazu? ....

....

Alle folgenden Wochentage werden auf die gleiche Art ausgefüllt.

2. Schritt:
Wähle eine Stärke aus, die du im Laufe des Tages oder für mehrere Tage *mehr nutzen oder mehr einsetzen* möchtest. Versuche, dich auf diese eine Stärke besonders intensiv zu konzentrieren und sie so oft wie möglich einzusetzen.

Du kannst deine Erfahrungen damit auf dem leicht abgewandelten Protokollbogen von Schritt 1 festhalten. Diesen findest du ebenfalls als Download, einen Ausschnitt davon hier im Folgenden:

Mehr Stärken im Alltag

Tag 1 (Wochentag, Datum):

Welche Stärke

1. Was hast du anders gemacht oder mehr gezeigt? ....

....

2. Welche Erfahrungen hast du damit gemacht? ....

....

Alle folgenden Wochentage werden auf die gleiche Art ausgefüllt.

Diese Übung kannst du für eine Stärke mehrere Tage hintereinander machen oder aber zwischen verschiedenen Stärken hin und her wechseln. Wichtig ist, dass du darauf achtest, beim Üben nicht unaufmerksam zu werden. Hier ist – wie so oft – weniger mehr. Wenn deine Aufmerksamkeit nachlässt, ist es sehr sinnvoll, die Zeit, in der du auf die Stärke achtest, klar zu begrenzen und zwischen den Übungen ausreichend Pausen zu machen. All diese Übungen sind nur dann wirkungsvoll, wenn du dich ausreichend stark darauf konzentrierst und mit ganzem Herzen bei der Sache bist. Wenn du die Protokollbögen nicht nutzen möchtest, halte die Erfahrungen mit der Arbeit an deinen Stärken unbedingt in deinem Tagebuch fest.

Damit du dir die Übung so konkret wie möglich vorstellen kannst, möchte ich ein Beispiel geben:

1. Schritt:
In den Fortbildungsveranstaltungen, die du regelmäßig besuchst, fällt dir immer wieder auf, dass du durch dein großes Wissen vieles beitragen könntest, es aber nicht tust, weil du nicht als neunmalkluge Streberin gelten möchtest. Das würdest du gern ändern, denn eigentlich möchtest du nicht immer stumm bleiben in den Veranstaltungen.
Also wählst du die Stärke »Wissen« aus, praktischerweise für die drei Tage, die du Teilnehmerin einer Fortbildung bist. Den ersten Tag beobachtest du dich, was du mit deinem Wissen machst, ob du es für dich behältst, in welcher Situation du es teilst, ob du eine Frage stellst, die sich aus deinem Wissen ergibt usw.

2. Schritt:
Am zweiten und dritten Tag nimmst du dir vor, »mehr aus deinem Wissen zu machen«, und setzt einige Energie ein, dich insgesamt *viel mehr aktiv* an der Veranstaltung zu beteiligen. Das bedeutet, andere häufiger an deinem Wissen teilhaben zu lassen, Fragen zu stellen, die auch für die Fortbildungsgruppe fruchtbar sind, oder auch einen Kommentar beizusteuern.

▶ Üben »aufzufallen« und beobachten, was passiert

Damit keine Missverständnisse entstehen, möchte ich noch einmal kurz den Sinn dieser Übung erläutern. Es geht keineswegs um das Auffallen um des Auffallens willen, das würde dir überhaupt nicht entsprechen und dir in keiner Weise gerecht werden. Nein, es geht darum, mehr von dir zu zeigen, genau so, wie du bist, und nicht so, wie du meinst, dass die anderen dich haben wollen. Das bedeutet in vielen Situationen, überhaupt etwas zu sagen, dich durch aktive Beteiligung zu zeigen und nicht durch Schweigen im Verborgenen zu bleiben.

1. Schritt:

Mache eine Liste mit Aktivitäten, durch die du »auffallen« könntest.

Zum Beispiel

- eine Frage stellen,
- etwas nicht verstanden haben,
- etwas ergänzen oder richtigstellen,
- eine konträre Meinung vertreten,
- eine Aufgabe übernehmen,
- …

Ergänze die Liste, wann immer dir etwas einfällt oder du bei jemand anders etwas beobachtest, wie er oder sie aufgefallen ist und wie daraus für dich eine Idee aufzufallen werden könnte.

2. Schritt:

Jetzt geht es darum zu beobachten, was passiert, wenn du »auffällst«. Zusätzlich hilfreich ist beim Beobachten noch die Frage, wie anstrengend es für dich war, in dieser Situation aufzufallen. Oder anders ausgedrückt, wie schwierig fandest du es in dieser Situation, etwas NEUES zu tun, nämlich aufzufallen, und nicht das zu tun, was du gewohnheitsmäßig getan hättest? Du wirst bemerken, dass es manchmal wenig anstrengend oder nicht schwierig ist, etwas Neues und Ungewohntes zu tun. Dann wird es wiederum aber auch Situationen geben, in denen wirst du genau das Gegenteil erleben. So wird es üblicherweise leichter sein, in einer Veranstaltung eine Frage zu stellen als eine konträre Meinung zu vertreten. Am leichtesten ist das Üben und etwas Neues Lernen natürlich, wenn du erst einmal mit den leichten Situationen anfängst, die dich nicht so viel Anstrengung kosten. Von der Bestätigung durch Erfolgserlebnisse ermutigt, kannst du dann den Schwierigkeitsgrad langsam steigern.

Du kannst ein Schema benutzen, das zum Download vorliegt. Hier siehst du einen Ausschnitt davon.

Bin mal wieder aufgefallen

Durch: ....

Wann? Bei welcher Gelegenheit? ....

....

Die Anstrengung beim Auffallen war SEHR KLEIN KLEIN MITTEL GROSS SEHR GROSS

Was ist danach passiert? ....

....

▶ Üben, NICHT den (vermuteten) Erwartungen anderer zu entsprechen, und beobachten, was passiert

Diese Übungen brauchen besonders viel von dem Mut, von dem nun mehrfach die Rede war, denn sie zielen genau auf den Kern des Konflikts, in dem du immer wieder feststeckst: Wenn ich mich anders verhalte, als ich glaube, dass es die anderen von mir erwarten, bin ich dann noch o.k.? Erwünscht? Akzeptabel? Liebenswert? Nach all dem, was du bisher geübt und erfahren hast, kannst du den Schritt wagen! Du bist inzwischen stark und mutig genug!

Du kannst genauso vorgehen wie bei den Übungen zum Auffallen. Auch hier ist es sehr hilfreich, wenn du zuerst eine Liste mit möglichen Situationen machst.

Zum Beispiel

- als Erste eine Party, Versammlung, ein Treffen verlassen
- keine Zeit haben (*sofort* zurückzurufen, zu mailen oder ausführlich zu chatten)
- einen Termin *nicht* möglich machen
- eine Aufgabe *nicht* übernehmen
- jemandem einen Wunsch *nicht* erfüllen
- die Zeit, die zur Verfügung steht für ein Telefongespräch o. Ä., von vornherein begrenzen,
- …

Wenn du die Liste fertig hast – natürlich kannst und sollst du sie jederzeit ergänzen, geht es wieder ans Üben und Beobachten. Nimm zum Aufschreiben am besten wieder die Liste, die du im Download-Material findest. Hier ein kleiner Ausschnitt davon:

Nicht den (vermuteten) Erwartungen anderer entsprechen

Was getan? ....

Wann? Bei welcher Gelegenheit? ....

....

....

Die Anstrengung dabei war SEHR KLEIN KLEIN MITTEL GROSS SEHR GROSS

Was ist danach passiert? ....

....

Meine Herzensbotschaft

Wenn die Überzeugung, ein wertvoller und liebenswerter Mensch zu sein, tief vergraben ist unter der jahrelangen, vielfach wiederholten Erfahrung, sich den Wert der eigenen Person erst »verdienen« zu müssen durch Wohlverhalten und Funktionieren, ist es eine große Aufgabe, dieses verschüttete Gefühl von Selbst-Wert freizulegen. Das geht nur Schicht für Schicht und Schritt für Schritt. Oft genug wird der gerade erst beiseitegeräumte Schutt sich wieder auf diesem Weg ansammeln, vielleicht sogar auftürmen, denn das emotionale Gedächtnis vergisst nicht so schnell und erinnert sich dafür umso schneller an schmerzliche Erfahrungen. Insbesondere deshalb ist es außerordentlich wichtig, sich der eigenen Schätze und Reichtümer bewusst zu werden und sie in den Alltag zu holen. Mit diesen Schätzen im Gepäck kannst du das Wagnis eingehen, du selbst zu sein, das zu sagen und zu tun, was du für richtig hältst. Du wirst sehen, dass du dafür Anerkennung und

Wertschätzung erhältst. Nicht jederzeit, aber oft genug, um zutiefst einverstanden mit dir zu sein.

Von Herzen,
Deine wohlwollende Begleiterin

Buch-Tipps

- Martin E. P. Seligman: *Der Glücks-Faktor. Warum Optimisten länger leben*. Bergisch Gladbach: Bastei 2005 (zum Thema »Stärken« insbesondere Teil II)
- Delia Owens: *Der Gesang der Flusskrebse*. Berlin: Hanserblau 2019 (zum Thema »gemocht werden«)

Eduard

Geht nicht gibt's nicht!

In der letzten Zeit kenne ich mich nicht mehr. Ich bin schlapp, niedergeschlagen, kraftlos, kann mich zu nichts aufraffen. Das wenige, was ich zu erledigen habe, ist mir zu viel – und während ich das sage, finde ich mich selbst einfach lächerlich. Wie kann man nach zwei Stunden Buchhaltung so müde sein? Vom Einkaufen oder vom Rasenmähen?! Kinderkram! Das geht jetzt schon Monate so, und ich habe das Gefühl, es wird jeden Tag schlimmer. Wie das alles angefangen hat? Wenn ich es recht überlege, baut sich das im Grunde nicht erst seit Monaten auf, sondern seit Jahren. Natürlich hat es immer einen konkreten Anlass gegeben, dass es mir nicht gut ging, körperlich, meine ich. Aber das ist doch kein Grund so durchzuhängen!

Also, von vorne: Ich bin als Einzelkind aufgewachsen. Meine Eltern haben einen großen Handwerksbetrieb geführt, der schon seit Generationen im Besitz der Familie war. Als mein Vater früh starb – ich war gerade mal 25 – war klar, dass ich den Betrieb zusammen mit meiner Mutter weiterführen würde. Ob ich das wollte? Das hat mich niemand gefragt, ich mich selbst auch nicht, das war doch schon seit Generationen beschlossene Sache. Also habe ich die Ärmel hochgekrempelt und mich in die Arbeit gestürzt. Oft war mir alles zu viel, weil natürlich die Aufgaben in so einem Betrieb nie enden und der Chef natürlich als Letzter gehen muss. Gelegentlich bin ich mal abgehauen, für ein kurzes Wochenende, hab mich in einem Hotel verkrochen und nichts anderes gemacht als gegessen und geschlafen. Dann konnte ich den Alltag wieder für eine Weile managen. Wenn ich je Bärenkräfte gehabt habe, was ich ehrlich gesagt bezweifle, dann sind die in diesen Jahren still und leise geschwunden. Aber schlapp machen? … Das gab's nicht! Schwäche zeigen? … »Nein, Zähne zusammenbeißen und durchhalten« war die Parole, egal, ob nach einer Knieverletzung das Bein dick war oder nach einem Fahrradunfall der Kopf dröhnte.

Mein Lieblingsheld war immer Siegfried, aber selbstverständlich ohne die verwundbare Stelle am Rücken! Was für ein Held!

Mit fünfzig hatte ich eine schwere Bauchspeicheldrüsenentzündung, da habe ich mich über Monate elend und schwach gefühlt, aber es half ja nichts, der Betrieb musste weiterlaufen. Also habe ich bis zum Umfallen gearbeitet, geschlafen, weitergearbeitet. Der nächste Schlag war der plötzliche Tod meiner Mutter. Sie hinterließ eine große Lücke im Geschäft (und natürlich nicht nur dort), die ich dann auch noch füllen musste. Ich habe mich unendlich angestrengt, schließlich durfte der Betrieb ja nicht unter ihrem Tod leiden. Und ich habe es schlussendlich geschafft, sie zu ersetzen, ohne dass die Bilanzen je darunter gelitten haben! Es würde ja auch jetzt noch alles spitzenmäßig laufen, wenn da nicht diese dauernde Müdigkeit wäre, die mich lahmlegt wie einen Schwächling.

Eduards wohlwollender Begleiter
Körperliche Schwäche ist kein Makel

Lieber Eduard,

du hast über mehr als 30 Jahre das Geschick eures Familienbetriebs an die erste Stelle in deinem Leben gesetzt. Du hast hundert Prozent deiner Energie gegeben, um den Besitz und das Auskommen deiner Familie zu wahren und zu mehren. Darauf kannst du mächtig stolz sein. Wenn ich dich richtig verstehe, hat es auch Zeiten gegeben, in denen du diesen Stolz gespürt hast. Das hat dir gutgetan und dir Kraft gegeben. Du hast nach den tief verwurzelten Idealen deiner Familie gehandelt und damit viel Erfolg gehabt. Das hat dich gestärkt und dir Selbstvertrauen geschenkt. Und doch hat die Kraft nicht immer gereicht. Müdigkeit und Erschöpfung haben sich eingeschlichen, Unzufriedenheit und das Gefühl von Unzulänglichkeit haben sich breitgemacht. Obwohl du den Betrieb sehr gut im Griff hast, fühlst du dich oft wie ein Schwächling – Galaxien entfernt von Siegfried, dem Unverwundbaren.

Wenn du sagst »es war mir oft alles zu viel«, dann höre ich da zuallererst »für mich, für meine Kapazität, für meine Belastbarkeit ist die Menge an Belastung zu viel«. Man könnte aber auch an etwas anderes denken, nämlich »die Menge an Belastung ist einfach zu viel, zu viel für einen Menschen, egal, ob er Bärenkräfte hat und unvorstellbar stark oder belastbar ist«. Ich fürchte, du hast in all den Jahren immer nur die Begrenztheit deiner Kräfte gesehen und diese Begrenztheit immer als Schwäche oder Makel betrachtet, gegen die du ankämpfen musst und die es zu überwinden gilt. Du hast wahrscheinlich gar nicht erwogen, dass es auch sein könnte, dass die Belastung einfach zu groß war, dass das, was du leisten solltest, zu viel war, nicht nur für dich, sondern für die meisten anderen Menschen auch. Vor dem Hintergrund deiner Lebensgeschichte ist das mehr als verständlich. »Keine Schwäche zeigen«, »Zähne zusammenbeißen und durchhalten«, »Ein Indianer kennt keinen Schmerz.«, waren die wichtigsten und sicher auch nützlichsten Grundsätze, um die großen anstehenden Aufgaben in deinem Leben zu meistern. Vermutlich haben auch noch andere Maximen eine große Rolle gespielt. Ich gebe mal ein paar Beispiele: ohne Fleiß kein Preis; Müßiggang ist aller Laster Anfang; erst die Arbeit, dann das Vergnügen; früh übt sich, wer ein Meister werden will; wer rastet, der rostet. Solche Grundsätze, selbst wenn sie nicht oft ausgesprochen werden, prägen die Atmosphäre in der Familie und im Elternhaus, oft über Generationen hinweg. Sie geben die Richtung vor, wenn es darum geht, das Leben zu meistern, Leistungen zu vollbringen, Erfolg anzustreben und Verzicht zu leisten.

Was aber, wenn dann doch mal eine unverkennbare Schwäche da ist? Wenn sie einfach nicht wegzuleugnen ist? Wenn sich diese Schwäche vor einem auftürmt wie ein großes Hindernis? Und was, wenn das, was an Aufgaben zu bewältigen ist, schlichtweg zu viel, zu schwer, zu groß ist?

Siegfried, der Drachentöter

Von Siegfried, dem großen Helden des Nibelungenliedes, wird gesagt, dass er einen Drachen getötet und in dessen Blut gebadet habe, um sich unverwundbar zu machen. Nun hatte aber bei dem Bad ein Lindenblatt auf seinem Rücken gelegen, sodass Sigfried an genau dieser Stelle verwundbar blieb. Später wurde er durch einen Speer getötet, der genau diese eine verletzliche Stelle seines Körpers traf.

Ich habe das Augenzwinkern gesehen, als du gesagt hast »mein Lieblingsheld war immer Siegfried, aber ohne die verwundbare Stelle«. So ein Augenzwinkern, als wüsstest du, wie hochgegriffen oder illusorisch dein Wunsch war und immer noch ist. Aber mal ganz ehrlich, lieber Eduard, wenn wir genau hinschauen, dann ist deine Grundannahme doch genau diese: Eduard, der alles meistern kann, der keine Schwäche zeigt, – nein, *der keine Schwäche hat*: ein verletztes Knie – kein Grund, mal ein wenig kürzer zu treten, solange das Bein noch so geschwollen ist; eine Gehirnerschütterung – kein Grund, langsam zu machen; eine Bauchspeicheldrüsenentzündung – kein Grund für eine Auszeit. So handelt ein Held, der keine schwachen Stellen hat, eben »Eduard ohne«!

Und damit sind wir in der Sackgasse angekommen. Siegfried hatte eine verwundbare Stelle, am Ende ist er sogar deswegen umgekommen. Und du, Eduard, hast nicht im Drachenblut gebadet und aller Wahrscheinlichkeit nach sogar mehr als eine verwundbare Stelle. Denn, auch wenn wir uns das ganz anders wünschen, unser menschlicher Körper ist verwundbar, hat Schwächen und wird jeden Tag außerdem auch noch etwas älter. Der Satz »Geht nicht gibt's nicht.« beschreibt die Sackgasse perfekt. Wenn Schwäche gar nicht vorkommen kann, dann geht es eben auch nicht weiter, dann gibt es für diese Situation keine Idee, wie man damit umgehen könnte. Noch einmal in einem anderen Bild ausgedrückt: Wenn ich davon ausgehe, dass mein Fahrrad auf einer langen Radtour durch eine einsame Gegend keinen platten Reifen haben wird, weil mein Fahrrad niemals einen platten Reifen hat, muss ich auch keinen Ersatzschlauch einpacken. Sollte ich dann doch einen Platten haben, bin ich darauf nicht vorbereitet.

Raus aus der Sackgasse kommst du nur, wenn du Schwäche als Teil deines Menschseins akzeptierst und in dein Leben integrierst. »Aber das tue ich doch«, höre ich dich protestieren. »Nein«, erwidere ich, dieses Mal unerbittlich, »tust du nicht.« Du gehst widerwillig in die Knie, wenn die Erschöpfung dich dazu zwingt, und auch nur dann, wenn deine Müdigkeit so groß ist, dass du unverzeihliche Fehler machen würdest. Das ist nicht Akzeptieren, das ist Kapitulieren. Deine Müdigkeit und deine tiefe Erschöpfung sind die Folgen der jahrelangen Überlastung. Zu oft bist du wieder aufgestanden und hast weitergemacht, obwohl du zum Weitermachen gar nicht genug Kraft hattest. Die quälende Antriebslosigkeit ist das Zeichen der Kapitulation: Ich *will* gar nicht weitermachen, es ist zu viel Quälerei dabei. Am besten fühlt sich noch der Stillstand an, einfach nichts machen, dann hört die Quälerei endlich auf.

> Grenzen, genau genommen Belastungsgrenzen, anerkennen, ist die große Aufgabe, die auf dich wartet.

Wie kommst du raus aus der Sackgasse? Was kannst du tun?

Wenn du bereit bist, körperliche Schwäche, sei es in Form von Ermüdung, Erschöpfung oder auch Krankheit, radikal als Teil der menschlichen Existenz und damit auch deines Menschseins anzuerkennen, dann geht es in deinem Alltag darum, konkret Belastungsgrenzen (1) erkennen zu lernen, (2) sie zu respektieren und (3) das eigene Verhalten konsequent an sie anzupassen. Der letzte Schritt, die Kür sozusagen, bedeutet dann, Belastungsgrenzen vorherzusehen und Aktivitäten flexibel darauf einzustellen. Wenn es dir gelingt, das alles schrittweise umzusetzen, wirst du Energie zurückgewinnen und besser mit deiner Energie haushalten können. Letztlich wirst du das, was du dir vornimmst, leichter und zum Schluss sicher auch erfolgreicher schaffen, weil dir genügend Energie dafür zur Verfügung stehen wird.

Konkret im Alltag

▶ Belastungsgrenzen erkennen

- Mache eine Liste der wichtigsten Zeichen für *»fit und wach«* sein: Woran kannst du erkennen, dass du fit und wach bist?
- Mache eine Liste der wichtigsten Zeichen für *»müde«* sein: Woran kannst du erkennen, dass du müde bist?
- Mache eine Liste der wichtigsten Zeichen für *»erschöpft«* sein: Woran kannst du erkennen, dass du erschöpft bist (erschöpft sein ist eine intensivere Stufe des müde Seins)?

Aus den drei Listen kannst du nun eine *Energieampel* konstruieren.

Hier siehst du das Arbeitsblatt mit einem Beispiel, das leere Exemplar gibt es als Download):

Meine Energieampel

fit und wach

gut gelaunt, energiegeladen, stabil, schnell im Denken, fokussiert, guter Durchblick, flexibel, ausgeglichen, positiv, einfallsreich, effizient, planvoll, systematisch, wohlwollend selbstkritisch, kreativ, konzentriert, zufrieden

müde

mäßig gelaunt, mäßig schnell im Denken, einigermaßen fokussiert, doch schnell abgelenkt, verliere schneller den Faden, schaue mal aufs Handy, werde kritischer mit mir selbst, brauche für alles etwas länger, mache mehr Fehler, verliere schneller die Lust, fange Sachen an und bringe sie nicht zu Ende, reagiere ungeduldig auf Störungen, trinke mehr Kaffee, habe Mühe, systematisch zu arbeiten

erschöpft

gereizt, schlecht gelaunt, immer bereit zu meckern, besonders kritisch mit mir selbst, verurteile mich und andere selbst wegen kleiner Fehler, verallgemeinere im negativen Sinne nach dem Muster »Das kann nur einem Idioten wie mir passieren.«, arbeite unsystematisch, lasse Sachen unfertig liegen und nehme mir das sofort übel, fange schnell Streit an, bin ungerecht, impulsiv, schnell ablenkbar, ineffizient, unzufrieden.

- Die Energieampel ist grün, wenn viele Merkmale der *fit und wach*-Liste für deinen augenblicklichen Zustand zutreffen.
  Die Energieampel ist gelb, wenn viele Merkmale der *müde*-Liste für deinen augenblicklichen Zustand zutreffen.
  Die Energieampel ist rot, wenn viele Merkmale der *erschöpft*-Liste für deinen augenblicklichen Zustand zutreffen.

- Wenn du findest, dass die drei Listen einigermaßen vollständig sind, beginnst du, dich in deinem Alltag, nicht nur beim Erledigen von Aufgaben, sondern auch in der Freizeit oder bei den üblichen Haushaltsbeschäftigungen zu beobachten, wie fit bzw. müde bzw. erschöpft du bist. Bitte beobachte dich an mehreren Tagen und zu unterschiedlichen Gelegenheiten. Notiere bitte alles, was du beobachtest, am besten in einer Übersicht. Du findest sie als Download. Im Folgenden gebe ich mal ein Beispiel für einen typischen Montag:

Welche Farbe hat die Energieampel?

Tag / Uhrzeit	Beschäftigung	Energieampel		
Mo. 3.1.		grün	gelb	rot
09:00 – 10:00	Kranken-gymnastik	alles gut		
10:30 – 13:00	Schreibtisch		viel blödes Zeug	
13:00 – 14:00	Mittagspause	tut gut, wieder fit		
14:00 – 17:00	Schreibtisch		noch mehr blödes Zeug	
17:00 – 17:30	Telefon mit Steuerberater			total ärgerliches Gespräch
17:30 – 19:30	wieder Schreibtisch, immer noch so viel zu tun			DUNKELROT Der Ärger ging nicht mehr weg
19:30 – 22:00	am Fernseher rumgezappt			konnte mich gar nicht erholen

An diesem Beispiel (erkennst du dich wieder?!?) kannst du sehr gut sehen, wie die Ampel langsam, aber unaufhaltsam Richtung ROT steuert. Eigentlich fängt der Tag gut an. Der Vormittag läuft wie geplant, die Mittagspause tut dir gut, so könnte es weitergehen … Das Telefonat mit dem Steuerberater gibt dir dann aber doch den Rest – du hattest immerhin bereits fünfeinhalb Stunden »blöder« Schreibtischarbeit hinter dich gebracht. Ampelfarbe? ROT! Da du unbedingt mit dem Schreibtischkram fertig werden willst, machst du ohne Pause weiter. Nun wissen wir aus der ersten Übung schon: Bei Ampelfarbe ROT bist du gereizt, unkonzentriert, schnell ärgerlich, ineffizient, ablenkbar usw. Das bedeutet, du kommst zwar mit deiner restlichen Arbeit vorwärts, aber der Preis ist hoch: Du bist nicht so schnell und effizient, und der Energietank läuft noch weiter leer. Ergebnis: Ampelfarbe DUNKELROT. Bei DUNKELROT läuft praktisch nichts mehr, die Energie reicht meist nicht aus, um sich noch zu einer wirklich erholsamen Freizeitbeschäftigung aufzuraffen, also hängst du am Fernseher oder am Computer rum und fällst dann, immer noch leer, ins Bett.

Möglicherweise spürst du angesichts des Schreibkrams Unwillen oder Ungeduld (»Ewig diese Listen, was soll das denn bringen?« …), schließlich willst du ja raus aus der Sackgasse und nicht mal erst Listen schreiben. Das kann ich gut verstehen, denn es ist zugegeben Aufwand, den du damit hast, dich zusätzlich zu deiner Belastung auch noch mit der Inventur der Belastung zu beschäftigen. Ich kann dir versichern, ich bitte dich nicht ohne Grund: Du hast lange Zeit, genau genommen Jahre nicht wahrgenommen, wenn dir Anstrengung zu viel wurde und du müde wurdest, (wozu auch, wenn du ohnehin weitermachst?!). So hast du gar nicht genau wahrnehmen gelernt, in welchen Formen und Abstufungen sich Müdigkeit und Erschöpfung zeigen. Das holst du mit den Listen und der Energieampel nach. Das lohnt sich!

▶ Belastungsgrenzen respektieren

Jetzt geht es darum, zuverlässig Gegenmaßnahmen treffen zu können, wenn die Energieampel gelb oder rot ist oder auf dem Weg dorthin ist, und diese dann auch konsequent einzusetzen.

- Was kannst du tun, wenn du müde bist? Am besten machst du eine Liste wie im folgenden Beispiel:

Liste gegen Müdigkeit (Beispiele)

- schlafen
- powernappen
- eine kleine (Tee-) Pause machen
- kurz mal etwas ganz anderes tun
- mit der entsprechenden Tätigkeit aufhören und erst wieder weitermachen, wenn die Müdigkeit besser ist
- (Lieblings-) Sport
- Yoga …
- …

- Was kannst du tun, wenn du erschöpft bist? Lege dir auch hierfür eine Liste an.

Liste gegen Erschöpfung (Beispiele)

- eine größere Pause machen
- regelmäßig ausreichend schlafen
- ein Wochenende frei machen
- Arbeitszeiten begrenzen
- regelmäßig Urlaub planen
- Arbeitspensum überdenken und anpassen
- …

▶ Belastungsgrenzen vorhersehen

Lass uns noch mal schnell rekapitulieren: Nicht genau hinschauen, sich viel vornehmen und dann einfach mal machen, gehört ja zu dem Muster »Ärmel hochkrempeln und anpacken«, da passiert es schnell, dass die benötigte Zeit zu knapp geplant ist und es am Ende eng wird. Ermüdung oder Schmerzen sind dann richtig lästig und müssen so lange warten, bis die Arbeit gemacht ist. Wenn du dann anschließend nicht genug Ruhepause hast, bleibt die Müdigkeit und wird auf längere Sicht zur Erschöpfung. Den Rest kennst du nur zu gut.

▶ Die Gesamt-Lebensbelastung kritisch prüfen

Eigentlich wartet genau an diesem Punkt die große Bewährungsprobe auf dich. Hier wird sich zeigen, ob du wirklich bereit bist, deine Belastungsgrenzen anzuerkennen. Tust du dies nämlich, wirst du dir eingestehen müssen, dass dein Aufgabenberg schlicht zu groß ist, und du einige von den Aufgaben, die du bisher als zu deinem Leben gehörig betrachtet hast, entweder radikal zurückstellen oder ganz abgeben musst. Das ist der Punkt, an dem es noch mal richtig weh tut, nicht körperlich, sondern seelisch. Denn das bedeutet letztlich, die Vorstellung von sich selbst (»Geht nicht gibt's nicht«) nicht nur theoretisch, sondern ganz konkret und praktisch zu korrigieren. Ich denke da zum Beispiel an die Fragen, ob der Garten wirklich so groß sein muss, ob du ihn wirklich selbst pflegen musst oder ob du die Buchhaltung nicht auch delegieren kannst.

Meine Intuition sagt mir, dass du eigentlich genau weißt, was dir zu viel ist, und dass du es dir nur noch nicht so richtig ernsthaft eingestanden hast. Infolgedessen hast du vermutlich auch noch nicht angefangen, darüber nachzudenken, wie du dich von dem, was dir zu viel ist, befreien oder trennen kannst. Oder wie du deine Aufgaben neu sortieren kannst, sodass die Gesamtmenge deiner Aufgaben nicht zu groß wird.

Auch hier könnte ich natürlich wieder eine Liste entwerfen, auf der du das alles notieren könntest. Aber ich glaube, der Auftrag ist so sonnenklar, dass du dafür keine Liste brauchst.

▶ Den Zeitaufwand für Aktivitäten realistisch planen

Hier ist noch mal richtig Üben angesagt, denn es ist nicht nur für Drachentöter eine hohe Kunst, sich nicht immer wieder zu verplanen und zum Schluss in Hektik und unter Druck zu geraten. Ziel dieser Aufgabe ist nun keineswegs, eine Auszeichnung im Zeitmanagement zu erlangen, sondern schlicht Überlastung zu vermeiden. Das wird sicher nicht auf Anhieb gelingen, muss es auch gar nicht. Das hast du viel zu lange nicht im Blick gehabt, als dass es nun wie von selbst funktioniert.

▶ Die Tagesform im Blick behalten

Belastungsgrenzen sind nicht in Stein gemeißelt. Im Gegenteil, sie sind von vielen Faktoren abhängig, auf die wir oft nicht ausreichend achten. Da gibt es solche, die wir beeinflussen können wie Essen, Trinken und Schlafen, unter bestimmten Umständen auch Sport. Und es gibt solche, auf die wir wenig oder gar keinen Einfluss haben, wie die Wetterlage und andere Umgebungsbedingungen, die vegetative Befindlichkeit oder die aktuelle Gesundheit (Immun- und Hormonhaushalt etc.) und – nicht zu vergessen – die aktuelle Stimmung. All diese Faktoren (und viele andere mehr) bestimmen die Tagesform und damit auch die Belastungsgrenzen. Die wiederum kannst du natürlich immer mal ein wenig dehnen und strecken, wenn es gar nicht anders geht. Aber die Frage, ob es wirklich nicht anders geht, musst du dir unbedingt stellen und aufrichtig beantworten. *Denn das Ziel der großen Anstrengung ist ein Weniger an Belastung, nicht ein Mehr an Aufmerksamkeit.*

Meine Herzensbotschaft

Die Grenzen der eigenen körperlichen Belastbarkeit anzuerkennen ist ein schmerzlicher Prozess und gleichzeitig eine Befreiung. Schmerzlich, weil diese Grenzen uns zwingen anzuerkennen, dass unsere Wünsche oft größer sind als unsere Möglichkeiten. Schmerzlich, weil Träume unerfüllt bleiben, von denen wir so sehr gehofft haben, dass sie zur Realität werden. Befreiend, weil wir aufhören können, uns zu überlasten und weil wir aufhören dürfen, Schmerzen in Kauf zu nehmen, die vermeidbar wären. Ich meine, der Perspektivenwechsel lohnt sich!

Von Herzen,
Dein wohlwollender Begleiter

Buch-Tipps

- Hanne Seemann: *Mein Körper und ich – Freund oder Feind?* Stuttgart: Klett-Cotta, 2019
- Siri Hustvedt: *Die zitternde Frau. Eine Geschichte meiner Nerven.* Reinbeck: Rowohlt, 6. Auflage 2015

Sich etwas zutrauen

Charlotte

Ich kann das nicht, davor habe ich Angst!

Es gibt Menschen, die glauben an sich selbst, die trauen sich was zu, die haben Mut und gehen auf die Herausforderungen des Lebens unerschrocken zu. Es sieht so aus, als wären sie damit auf die Welt gekommen oder als würde der Mut ihnen einfach so zufliegen, wenn sie ihn brauchen. Dabei scheint ihr Glaube an sich selbst unerschütterlich und auf keinen Fall endlich zu sein. Von so einem Leben kann ich nur träumen! Mein Lieblingsplatz ist das Mauseloch und meine Lieblingsbeschäftigung ist lesen. Ich bin ein zutiefst ängstlicher Mensch, und ich fühle mich am wohlsten, wenn um mich herum alles vertraut und sicher ist und keine neuen Aufgaben auf mich warten. Auch wenn das Leben auf diese Weise manchmal etwas eintönig und vielleicht sogar langweilig ist, ziehe ich die Monotonie ganz klar der Aufregung vor. So gesehen habe ich gar nichts gegen das Mauseloch-Modell, nur leider muss man ja doch im Leben immer wieder aus dem Versteck heraus, trifft dann auf andere Mäuse, gelegentlich auch auf Ratten und deutlich größere Tiere. Und dann kann die Angst eine ganz schöne Bremse sein.

Letztens hatte ich mich zu einem Pilates-Kurs bei meiner Lieblingstrainerin angemeldet, kurz vor dem Starttermin hieß es dann, der Kurs würde online stattfinden und nicht als Präsenzkurs. Natürlich hatte ich die Gebühren schon bezahlt und wollte auch unbedingt teilnehmen. Aber in meinem langen Leben (51 Jahre!) habe ich noch nie einen Onlinekurs besucht und hatte das eigentlich auch in meinem Leben nicht mehr vor. Ich bin ja schon froh, wenn ich eine E-Mail schreiben kann, ohne sie dreimal wieder zu löschen oder an den falschen Adressaten zu schicken.

Panik stieg in mir auf und formierte sich zu einer Riesenfaust in meinem Magen. Wie soll ich denn herausfinden, wie das funktioniert? Und wenn es dann wider Erwarten klappt, soll ich dann zu allem Überfluss auch noch in meinem Wohnzimmer vor der Kamera herumturnen? …

Charlottes Angstmaus meldet sich: Also, das kommt nicht infrage, unter keinen Umständen! So eine Blamage kann ich mir echt ersparen. Das funktioniert bestimmt zu hundert Prozent nicht. Und wie sehe ich dann vor allen anderen Kursteilnehmerinnen aus? Wie die dumme Hausfrau, die noch nicht einmal die Basics des Internet beherrscht (dabei habe ich Abitur gemacht und studiert, zwei Kinder in die Welt begleitet und das Leben eines Diplomaten gemanagt). Ich storniere sofort den Kurs! Bei dem Gedanken, an dem Onlinekurs nicht teilzunehmen, beruhigt sich mein Magen sofort.

Die wohlwollende Begleiterin mischt sich ein: Wollen wir uns das nicht noch mal in Ruhe anschauen? Wovor hast du eigentlich genau Angst? Wenn ich es richtig verstanden habe, weißt du nicht, wie du im Internet in deinen Onlinekurs hineinkommst. Ist es das?

Charlottes Angstmaus: Genau, und weil ich nicht weiß, wie ich hineinkomme, muss ich jemanden fragen, und dabei wird ganz offensichtlich herauskommen, dass ich vom Internet keine Ahnung habe. Dann werde ich mich doof anstellen und es vielleicht schaffen, vielleicht aber auch nicht schaffen, und wenn ich es dann nicht schaffe, – dann, das sagte ich ja gerade schon, stehe ich so was von blöd da. Was ist daran so schwer zu verstehen? Und mich zu blamieren ist kein schönes Gefühl, also habe ich Angst, mich zu blamieren, so einfach ist das!

Wohlwollende Begleiterin: Ich verstehe, bevor du überhaupt über die erste Frage nachgedacht hast, die du stellen könntest, hat dich die Angstwelle schon überrollt. Die ist zu mächtig und nimmt dann einfach alles mit, was du mit kühlem Kopf ja durchaus überdenken und planen könntest. Dann kannst du vor lauter Angst und Panik gar nicht mehr überlegen, wie du Schritt für Schritt weiterkommen könntest.

Charlotte: Das stimmt, das ist aber leider nicht alles. Klar, wenn ich das in Ruhe betrachte, dann stelle ich mir in meiner Panik immer die Spitze der Katastrophe vor, in diesem Fall: Alle anderen Pilates-Kursteilnehmerinnen kriegen mit, dass ich zu blöd bin, das Internet richtig zu nutzen. Es ist aber bei dieser Angst und Panik noch etwas ganz anderes dabei. Ich glaube, das ist viel grundsätzlicher. Jetzt in diesem konkreten Fall traue ich mir tatsächlich nicht zu, dass ich das Internet so weit verstehe, dass ich es für diesen Kurs wirklich nutzen kann. Es ist wahnsinnig oft so, dass sich unter der Angst, mich zu blamieren und als Dummie dazustehen, mein tiefer Zweifel verbirgt, dass ich das tatsächlich gar nicht kann, was ich da leisten soll, sodass ich letztlich daran scheitern werde. Also, dass mir grundsätzlich die Kompetenz dazu fehlt, dass ich schlicht zu dumm dazu bin oder zu weit hinterm Mond.

Wohlwollende Begleiterin: Jetzt verstehe ich noch etwas anderes: Eigentlich ist es die Angst vor dem »Scheitern«, die dich so bremst. Ich versehe mal das Wort »Scheitern« mit Anführungszeichen, denn es sind ja oft auch die ganz kleinen Dinge, vor denen du zurückschreckst oder die du aufschiebst, weil sie dir möglicherweise nicht gelingen könnten (zum Beispiel die Reklamation einer defekt gelieferten Lampe).

Charlotte: Genau, ich vermeide dauernd irgendetwas in meinem Alltag, weil herauskommen könnte, dass ich nicht kompetent oder klug genug bin. Und die Angst vor der möglichen Katastrophe, wenn ich mich zu dumm anstelle, hilft mir dabei, denn die liefert mir die Gründe für mein Zögern und Vermeiden.

Charlottes wohlwollende Begleiterin
Du kannst das

Liebe Charlotte,

wie gut, dass wir uns deine Ängste näher angeschaut haben! Genau genommen hast du zwei Fallen vor deinem Mauseloch aufgestellt: Die eine ist die *Angstfalle* und die andere ist die *Perfektionismusfalle.*

Die Angstfalle

Wenn du zögerst und vermeidest, wenn du sozusagen die Angstmaus rennen lässt, kannst du dich nicht als kompetent und klug erleben, sondern du beweist dir dauernd, dass du etwas nicht schaffst oder nur halbherzig bei der Sache bist. Die Angstmaus frisst einen Teil deiner

Energie und du kannst infolgedessen gar nicht mit vollem Einsatz dabei sein.

Nehmen wir das Beispiel des Onlinekurses. Die Angstmaus sagt: Das wird in der Katastrophe enden und du wirst dich unendlich blamieren. Charlotte sagt: Du bist zu blöd fürs Internet, lass es einfach. Nun ist dir zum einen jedoch der Kurs wichtig, zum anderen hast du ja auch Ansprüche an dich, zum Beispiel nicht völlig hinterm Mond zu leben, mit der gesellschaftlichen Entwicklung Schritt zu halten, mitreden zu können usw. Also ist es sehr wahrscheinlich, dass du die Sache nicht vollständig auf sich beruhen lässt und dass du trotz des Zitterns der Angstmaus den Kurs nicht stornierst. Stattdessen wirst du dich im allerletzten Moment daran machen, doch noch herauszufinden, wie du online an dem Kurs teilnehmen kannst. Im allerletzten Moment wirst du natürlich nicht so viel Zeit haben, das in Ruhe selbst auszuprobieren oder jemanden zu fragen, von dem du weißt, dass du eine hilfreiche Antwort bekommst. Nein, im allerletzten Moment wird dir nichts anderes übrigbleiben, als deinen Sohn zu fragen, der sich zum Abendessen angemeldet hat, oder deinen Mann, der eigentlich auf dem Weg zum Sport ist. Die Bedingungen für eine hilfreiche und geduldige Antwort sind nun damit nicht sehr günstig, und es ist zu befürchten, dass sich bei dir mit den Antworten, die du bekommst, genau das *Gefühl* einstellen wird, das dich am wenigsten stärkt, nämlich, *dass du es einfach nicht blickst mit dem Internet.*

Diese Falle müssen wir Schritt für Schritt aus dem Verkehr ziehen, dazu später.

Die Perfektionismusfalle

Für dich, liebe Charlotte, ist es sonnenklar, dass es Tausende von Sachen gibt, die du nicht weißt, aber wissen müsstest, und Tausende von Sachen, die du nicht kannst, aber können müsstest. Darf ich noch einmal auf das Beispiel des Onlinekurses zurückkommen? Es verdeutlicht die Perfektionismusfalle so klar und einfach: Du bewertest dich als *inkompetent*, weil du nicht weißt, wie du Teilnehmerin an einem Onlinekurs werden kannst. Wer sagt denn eigentlich, dass eine 51-jährige Frau mit deiner Schulbildung und deinem gesellschaftlichen Status wissen muss, wie eine Teilnahme an einem Onlinekurs zu bewerkstelligen ist, ohne dabei fremde Hilfe in Anspruch nehmen zu müssen??? Unausgesprochen liegt diesem Urteil über dich selbst die Annahme zugrunde, dass es einen Maßstab gibt, der darüber entscheidet, was man wissen oder können muss. Ist die Mehrheit der Bevölkerung der Maßstab? Oder die eigene Bezugsgruppe? Oder noch enger gefasst die eigene Familie? Und wenn es tatsächlich einen solchen Maßstab geben sollte, wer entscheidet eigentlich darüber, ob du ihn für dich als bedeutsam anerkennen musst oder nicht??? Und noch einen Schritt weitergedacht: Wenn es tatsächlich einen solchen Maßstab geben sollte und du ihm nicht gerecht wirst, was passiert dann eigentlich? Wie schlimm ist das? Was bedeutet das für den Wert deiner Person? Und was wäre eigentlich, wenn du dir erlauben würdest, die strengen Maßstäbe, wo immer sie herkommen, infrage zu stellen, zu relativieren oder gelegentlich gar durch deine eigenen zu ersetzen???

Eines ist sicher, es würde ziemlich viel in deinem Leben in Bewegung kommen: Du würdest ziemlich viel Freiheit gewinnen über das, was du wissen möchtest, und über das, was du nicht wissen möchtest, und noch mehr Freiheit über das, was du lernen möchtest und was du nicht lernen möchtest. Du könntest also beispielsweise sagen – ich verspreche, es ist das letzte Mal, dass ich den Onlinekurs erwähne –, ich weiß nicht, wie das mit dem Onlinekurs funktioniert, aber ich möchte gerne teilnehmen. Also finde ich heraus, wie das funktioniert. Ich werde bestimmt jemanden finden, der mir dazu Auskunft geben kann, und wenn es wirklich so schwierig ist, finde ich auch jemanden, der mir dabei helfen kann.

Lernen und *Neues herausfinden* sind die magischen Begriffe, die dir weiterhelfen können. Du musst und du kannst nicht alles wissen und können, was du von dir selbst erwartest oder was von anderen von dir erwartet wird oder was du meinst, was von anderen von dir erwartet wird … Aber du kannst dich entscheiden, das zu lernen, was du wissen und können möchtest, und herauszufinden, wie etwas funktioniert.

Du hast alles, was du dazu benötigst. Das ist dein Potenzial!

Konkret im Alltag

Damit du dein Potenzial so oft wie möglich nutzt und dich nicht mit deiner Angstmaus im Mauseloch verkriechst und dort in Angstspiralen stecken bleibst, möchte ich dir die folgenden Übungen vorschlagen. Sie unterstützen dich dabei, dich auf deine starken Seiten zu konzentrieren und dich selbst zu ermutigen, aktiv aus der Angstspirale auszusteigen und den nächsten Schritt zu wagen.

▶ Stärkende Gedanken

Diese Übung kannst du regelmäßig machen, zum Beispiel immer zum Wochenstart. Hier siehst du die verkleinerte Variante, das Din-A4-Blatt gibt es als Download.

Gedanken, die mich stärken

4x3 stärkende Ideen

3 Gedanken, die mir guttun
1. ……………………………………………………
2. ……………………………………………………
3. ……………………………………………………

3 Dinge, die mich beruhigen
1. ……………………………………………………
2. ……………………………………………………
3. ……………………………………………………

3 Dinge, die ich für mich tun kann
1. ……………………………………………………
2. ……………………………………………………
3. ……………………………………………………

3 Dinge, auf die ich mich freue
1. ……………………………………………………
2. ……………………………………………………
3. ……………………………………………………

Die Übung eignet sie sich auch sehr gut für den »Notfallkoffer«, also für den Einsatz in solchen Situationen, in denen du dich schwach, ängstlich und verletzlich fühlst. Wenn du dann schon Erfahrungen mit dieser Übung gemacht und eine Reihe von stärkenden Ideen gesammelt hast, kannst du einerseits auf diese zurückgreifen und andererseits trotz deiner angeschlagenen Verfassung etwas Stärkendes für dich tun.

▶ Stärkende Taten

Sammle möglichst viele Ideen, welche Taten dich stärken. Hier siehst du das Arbeitsblatt mit Beispielen, das leere Exemplar gibt es zum Download. Ergänze diese Liste immer, wenn dir etwas einfällt oder wenn du dich dabei beobachtet hast, dass eine Tat dich gestärkt hat.

Taten, die mich stärken

Was macht mich stark und mutig?

- Etwas tun, was ich liebe
- Gut für mich sorgen
- Achtsam sein (für einen festgelegten Zeitraum oder eine festgelegte Aktivität)
- Ausruhen und schlafen, wenn ich müde bin
- Etwas (nicht zu viel) wagen und dann dabei erfolgreich sein
- Mich beim Sport auspowern
- …

In dem Beispiel oben findest du vielleicht schon einiges, was für dich zutrifft. Versuche, so viele Ideen wie möglich zu sammeln und auch immer wieder zu ergänzen, wenn dir etwas einfällt oder wenn du dich dabei beobachtet hast, dass eine Tat dich gestärkt hat.

Diese Sammlung kannst du nun auch wieder regelmäßig benutzen, zum Beispiel jede Woche oder auch jeden Tag (das wird auf die ausgewählte Tat ankommen), um dich regelmäßig und mit voller Absicht zu stärken. Und auch hier gilt wieder wie so oft: Je häufiger du es tust, umso größer der Effekt. Je mehr Ideen du sammelst, desto größer ist deine Auswahl und umso flexibler und leichter kannst du in einer gegebenen Situation eine Übung platzieren, von der du weißt, dass sie dich dabei unterstützt, stärker und mutiger zu werden.

Natürlich eignet diese Übung sich auch für den »Notfallkoffer« wie die erste Übung.

▶ Mein Stärken-Speicher

Dein Stärken-Speicher ist die Schatzkammer, in der du alles, was dir zu deinen Fähigkeiten, Kompetenzen, Stärken und Tugenden einfällt, sammeln kannst. Hier die verkleinerte Variante, das Din-A4-Blatt gibt es zum Download.

Mein Stärken-Speicher

Stärke zeigen

Wie hast du bisher gezeigt, dass du stark bist?

....

....

....

Sachen gut und richtig machen

Was hast du (in der vergangenen Woche / im vergangenen Monat) gut und richtig gemacht?

....

....

....

Mein ICH

Was ist gut und goldrichtig an mir?

....

....

....

Gelungenes

Was ist insgesamt gesehen und schlussendlich gut geworden?

....

....

....

Die Konzentration auf das, *was dir schon gelungen ist, was gut und goldrichtig ist an dir,* die Vergegenwärtigung der Situationen und Leistungen, in denen du *Stärke bewiesen* hast, auch wenn du innerlich vor Angst geschlottert hast, rücken das, *was du kannst*, in den *Vordergrund* deines Bewusstseins. Damit rücken automatisch und zwangsläufig die Gefühle von Schwäche und Unvermögen in den *Hintergrund*. Und auch hier gilt wieder: Je häufiger und ausführlicher du dir diese Seiten deiner Person, diese Erfahrungen und Leistungen klar und plastisch vor Augen führst, umso wirkungsvoller ist die Übung.

▶ Raus aus der Angstspirale

Vermutlich hast du blitzschnell eine Antwort parat auf die Frage: »Wie bringst du dich ruckzuck *auf die Angstpalme*?« …

- Du kannst deinen Katastrophenfantasien und Schreckensszenarien eine Reihe von De-Eskalationstechniken entgegensetzen. Hier findest du ein paar Beispiele:
  - 2–5 Minuten atmen (und nur atmen)
  - Entweder einfach für dich, ganz bewusst langsam ein- und ausatmen oder
  - Eine von den vielen Meditations-Apps oder Achtsamkeits-Apps benutzen, die in der Regel auch das »nur atmen« anleiten
  - Beruhigende Musik / Meditationsmusik hören / Naturgeräuschen lauschen (geht auch gut mit einer App)
  - Meditieren (geht auch gut mit einer App)
  - Körperliche Aktivität
  - Rennen, springen, radfahren …
  - In den Stärken-Speicher schauen
  - …

- Bitte halte deine persönlichen De-Eskalationsstrategien in deinem Buch fest.

- Und dann musst du »nur noch« Gebrauch davon machen …

Genau das ist die Anstrengung, die du dir immer wieder wirst abverlangen müssen – dir bei aufkommender Panik selbst Einhalt zu gebieten und nicht weiter nach oben zu klettern auf die Angstpalme, sondern zu entscheiden, dich SOFORT auf den Weg abwärts zu machen, egal, wo du dich gerade befindest und wie es dir dabei geht. Stell dir den Platz unter der Palme vor … den kühlen Schatten … den weichen Sand …

Meine Herzensbotschaft

Geschichten für Kinder drehen sich oft um Hauptfiguren, die ängstlich sind und einen Weg finden, ihre Angst zu überwinden. Angst ist ein elementares menschliches Gefühl und spielt für Kinder, die in eine komplexe unbekannte Welt hineinwachsen und in ihr zurechtkommen müssen, eine besonders große Rolle. In den guten Geschichten wachsen die Figuren an der Angst und ihrer Bewältigung. Sie werden ermutigt, Lösungen zu finden, und werden dann mit Erfolg belohnt.

Eine besonders kreative Lösung findet die Maus in dem Kinderbuch »Der Grüffelo«. Sie geht allein im Wald spazieren und begegnet nacheinander Fuchs, Eule und Schlange, die sie allesamt fressen wollen. Doch die kleine Maus erfindet listig einen Grüffelo, mit dem sie ganz in der Nähe verabredet sei und der gern Füchse, Eulen und Schlangen zu Mittag verspeise. So entkommt sie den hungrigen Tieren, bis sie selbst auf dem Grüffelo trifft … und sich mit ihm anfreundet.

Eine winzige Maus, die ihren Einfallsreichtum und eine ordentliche Portion Dreistigkeit nutzt in einer scheinbar ausweglosen Situation – ist mutig, auch wenn sie innerlich schlottert vor Angst.

Schenke dir das Vertrauen, *genug zu sein*, indem du dir wieder und wieder klarmachst, wie einzigartig du bist, was du kannst und was du lernen kannst – und dann mache mutig den nächsten Schritt – auch wenn du innerlich schlotterst vor Angst!

Von Herzen,
Deine wohlwollende Begleiterin

Buch-Tipps

- Axel Scheffler & Julia Donaldson: *Der Grüffelo*. Weinheim: Beltz & Gelberg, 2002
- Matt Haig: *Die Mitternachtsbibliothek*. München: Droemer, 2021

Film-Tipp

- *The King's Speech*. 2011, Regie: Tom Hooper

Nina

Selbst ein dummes Schulmädchen steht besser da!

Ninas wohlwollende Begleiterin berichtet

Neulich kam ich dazu, wie Nina und ihre beste Freundin Sabine sich beim Tee über ihre Partnerschaften unterhielten …

Ich hatte Nina schon eine Weile sorgenvoll beobachtet, wie sie immer trauriger wurde und immer mehr an sich zweifelte. In ihrer langjährigen Partnerschaft lief es schon seit einigen Jahren nicht mehr richtig rund. Besonders in den letzten Monaten hatte es viele Streitereien um nichtige Anlässe gegeben, in denen Nina sich am Ende wie ein dummes Schulmädchen gefühlt hatte. Vor einigen Wochen war zu dem Kummer noch hinzugekommen, dass Nina beim Ausleeren des Papierkorbs einen Bewirtungsbeleg aus einem teuren Restaurant gefunden hatte, aus dem klar hervorging, dass zwei Personen opulent zu Abend gegessen hatten. Wenn Nina sich nicht sofort erinnert hätte, dass dies jener Abend war, an dem ihr Mann angerufen hatte, er käme später nach Hause, weil er spontan sein Team ins nahegelegene Bistro eingeladen hätte, wäre ihr dieser Beleg wahrscheinlich nicht weiter im Kopf herumgespukt. Schließlich kam es ja immer mal wieder vor, dass ihr Mann mit einem Geschäftsfreund zum Essen verabredet war und es dann spät wurde. An dem Abend, als Nina versuchte herauszufinden, was es mit diesem Beleg auf sich haben könnte, kam es zu einem fürchterlichen Streit, der damit endete, dass ihr Mann sie eine »durchgeknallte Spionin« nannte und wutentbrannt das Haus verließ. Seitdem hatten sie kaum miteinander geredet. Nina hatte mehrmals versucht, das Gespräch über diesen Abend wieder aufzugreifen, jedes Mal war ihr Mann ihr barsch ins Wort gefallen und hatte den Raum verlassen.

Da sich offensichtlich auch Sabine (und nicht nur ich) große Sorgen um Nina macht, die stiller und stiller wird und immer mehr in sich zusammenfällt, hat sie sich bei Nina zum Tee eingeladen und will nun wissen, was los ist:

Sabine: Sag mal, Nina, was ist denn nun rausgekommen bei der ganzen Sache? Was hat Richard zu dem Bewirtungsbeleg gesagt?
Nina: Nichts ist herausgekommen, rein gar nichts. Richard behauptet, der Beleg sei nicht von ihm, das sei doch alles Spinnerei von mir, wo ich denn einen solchen Beleg herhätte, und wie ich denn dazu käme, ihn des Betruges zu verdächtigen (nebenbei gesagt: habe ich gar nicht, mit keinem Wort, – liegt aber natürlich nahe, klar denken kann ich ja schließlich auch). Er sei mit seinem Team im Bistro um die Ecke gewesen und fertig. Du kannst dir nicht vorstellen, wie maßlos wütend er war und wie er mich angeschrien hat. Wenn er sich dann so sehr aufgeregt hat, dass er kurz vor dem Austicken ist, haut er einfach ab, entweder aus dem Zimmer oder gleich aus der Wohnung. Es ist nicht mit ihm zu reden, egal, wie friedlich und vorsichtig ich es anfange.
Sabine: Was denkst du denn selbst, was war da los? Hast du irgendetwas herausgefunden?
Nina: Richard schüchtert mich so fürchterlich ein. Von wem sonst soll der Beleg denn sein, wenn nicht von ihm? Wie soll denn so ein Beleg in unseren Papierkorb kommen? Mir zu unterstellen, ich wollte ihm einen Beleg unterjubeln, um ihn des Betrugs zu verdächtigen, ist wirklich infam, aber er hat schon so oft gesagt, ich sei einfach nur neidisch und eifersüchtig auf seinen Erfolg und würde mir die absurdesten Sachen ausdenken, um ihm seinen Erfolg madig zu machen.
Sabine: Was meint er denn damit?
Nina: Ja, das ist noch so eine andere Geschichte, über die wir uns viel streiten. Richard ist in der letzten Zeit viel zu Tagungen unterwegs. Da die meistens am Wochenende stattfinden und oft auch noch in interessanten Städten, könnte und würde ich ihn immer mal wieder gern begleiten. Das lehnt er strikt ab und findet dafür immer wieder neue in meinen Ohren seltsame Begründungen: Das würde ihn von der Arbeit ablenken, die anderen Teilnehmer würden ihre Frauen auch nicht mitbringen, das wäre zu teuer, ich hätte davon nichts usw. Bei alldem sind

ihm meine Einwände offensichtlich völlig gleichgültig, er wischt sie einfach vom Tisch, als hätte ich totalen Blödsinn geredet. Und wenn ich zu lange darauf beharre, dass es aus meiner Sicht eine schöne Idee für uns beide wäre, etwas gemeinsam zu unternehmen, wird er wütend. Nicht selten beschimpft er mich dann, ich sei eine Klette oder eine naive Träumerin, was ich denn denken würde, wie solche Tagungen verlaufen würden. Immer wieder schafft er es, mich so hinzustellen, als sei ich die dumme Tussie, die keine Ahnung vom Berufsleben hat. Dabei arbeite ich fünf Tage in der Woche acht bis zehn Stunden täglich in einem Team mit 15 Kollegen und Kolleginnen, nur leider gibt es bei uns keine Dienstreisen.

Sabine: Das klingt ja alles ganz schön seltsam. Ich frag noch mal, wir sind da gerade vom Thema abgekommen. Hast du denn irgendetwas zu dem Beleg herausfinden können?

Nina: Frag mich nicht, wie ich es gemacht habe, und schon gar nicht, wie ich mich dabei geschämt habe, aber zumindest weiß ich aus absolut verlässlicher Quelle, dass das Team an dem Abend nicht mit Richard in dem Bistro gewesen ist.

Sabine: Also muss er woanders gewesen sein.

Nina: Das ist ja wohl sonnenklar, dass er in dem Restaurant gewesen ist und dort jemanden zum Essen eingeladen hat.

Sabine: Und das wird ja wohl kein Geschäftspartner gewesen sein, oder?

Nina: Ich will da jetzt kein großes Ding draus machen, ich kann mit Richard nicht darüber reden, ohne dass er mich völlig fertig macht. Und dann hat er noch so ein Register, das er ziehen kann. Ich würde ihm nicht vertrauen, das sei keine Basis für eine Partnerschaft. Und, mal ehrlich, Sabine, hat er damit nicht recht?

Sabine: Hey, was ist das denn jetzt?! Nina, wenn du deinen klaren Menschenverstand benutzt, dann hat Richard dich in Bezug auf diesen Abend angelogen und ist mit jemanden essen gegangen, von dem oder der er dir nicht sagen möchte, um wen es sich handelt. In dem Moment mit dem Finger auf dich zu zeigen und Vertrauen zu fordern, ist ja wohl der blanke Hohn!

Nina: Du hast ja recht, aber wann immer ich versuche, mit Richard über so etwas zu reden, macht er mir wortreich klar: Ich habe etwas falsch gemacht, etwas Idiotisches gesagt, mir etwas Unsinniges gewünscht, etwas Dummes vorgeschlagen usw. In der letzten Zeit habe ich aufgegeben und sage lieber nichts mehr, dann kann ich auch nichts Falsches sagen.

Ninas wohlwollende Begleiterin
Nimm dich ernst, du bist es wert

Liebe Nina,
so kann das auf gar keinen Fall weitergehen! Ich spüre, wie du tiefer und tiefer in dir versinkst und dir selbst immer weniger vertraust. Am meisten sorge ich mich ehrlich gesagt darüber, dass deine Selbstzweifel, die sich zunächst nur auf die Frage bezogen haben, ob dein Misstrauen gegenüber Richard berechtigt ist, sich inzwischen mehr und mehr in dein Leben gedrängt haben. So lässt du dich von deinen Kolleginnen und Kollegen und vor allem von deiner Vorgesetzten sehr schnell verunsichern. Du kontrollierst immer häufiger, ob du nicht doch einen Fehler gemacht hast, und es gibt immer seltener Momente in deinem Alltag, in denen du dich sorglos und unbeschwert fühlst. Die Abwärtsspirale, fürchte ich, ist schon in vollem Gange: Je weniger du dir vertraust, desto schwerer wiegen kritische und entwertende Urteile anderer, weil du ihnen nicht beherzt entgegentreten kannst und sie schließlich noch nicht einmal mehr prüfst.

Lass uns einen Schritt zurücktreten, innehalten und dann noch einmal ganz genau hinschauen: Im Grunde deines Herzens weißt du, dass du nicht alles falsch machst, dass die Arbeit, die du ablieferst, gut ist und dass du nicht dauernd Idiotisches sagst, dass deine Wünsche nicht unsinnig und deine Vorschläge nicht dumm sind.

Richard und Menschen in deiner Nähe, die nicht immer wohlwollend zu dir stehen, setzen generelle Entwertungen und destruktive Kritik ein, um dich kleinlaut und hilflos zu machen und um sich dir letztlich überlegen zu fühlen. Wenn ich die Wirkung dieser Strategie einschätzen soll, dann gelingt ihnen das viel zu oft. Denn wenn du entwertet und verletzt wirst, fühlst du dich klein und hilflos. Das ist ein sehr intensives Gefühl, das großen Einfluss auf deine Stimmung nimmt. Und es ist sicher auch ein Gefühl, das dir sehr vertraut ist. Sehr wahrscheinlich kennst du es schon aus deinen Kindertagen …

Dieses Gefühl ist so mächtig, dass du anfängst, dir selbst nicht mehr zu vertrauen, und bereit bist, vieles von dem, was du bei klarem Verstand richtig, vernünftig oder logisch findest, infrage zu stellen und deinen eigenen Standpunkt immer weniger wichtig zu nehmen.

Nehmen wir noch einmal kurz das Beispiel der Restaurantrechnung und schauen wir uns die Sachlage nüchtern an: 1. Du findest eine Rechnung in eurem gemeinsamen Müll, die nur Richard dort hineingeworfen haben kann, denn deine ist es nicht. 2. Richard bestreitet, dass dies seine Rechnung ist und konstruiert, du wolltest sie ihm unterschieben. 3. Du weißt, dass das nicht stimmt. 4. Du weißt sicher, dass Richard dich in Bezug auf den betreffenden Abend belügt. 5. Richard weigert sich, sich zu diesem Abend zu erklären und greift dich stattdessen an. 6. Du stehst wie eine Spinnerin da. 7. Richard verlässt die Szene.

Wie es dann in deinem Inneren weitergeht, weißt du selbst am besten. Ich spüre, du bist wütend, weil Richard dich knallhart auflaufen lässt, obwohl du sachlich richtige Argumente hast. Du bist verletzt, weil du entwertet wirst für dein Verhalten, obwohl du guten Grund hast, das Gespräch zu suchen und Fragen zu stellen. Und zum Schluss bist du hilflos, weil Richard sich entzieht und du mit deinen Sorgen um eure Beziehung allein bleibst.

Wie kommst du weiter? Was kannst du tun?

Jetzt kommt es auf dich an, liebe Nina! Du musst eine Haltung finden, in der du deine Wahrnehmung, deine Fragen, auch deine Sorgen und Ängste ernst nimmst, und nicht – aus Angst, etwas Falsches zu sagen (was übrigens nur in den Augen von Richard etwas Falsches ist) – in dir selbst erstarrst und Schritt für Schritt das Gefühl für deine eigene Wahrheit und Wahrhaftigkeit verlierst.

Du bist es wert, dass du dich selbst ernst nimmst – mit all dem, was du denkst, fühlst und wahrnimmst. Auch und gerade dann, wenn du dich nicht so stark und mutig fühlst. »Habe ich jetzt den Freibrief für Egoismus von dir bekommen?«, höre ich dich fragen. Nein, hast du nicht!, antworte ich. Das, was du von deiner Wahrnehmung und deinen Gefühlen *ernst nimmst*, ist natürlich nicht immer alles gleich wichtig, nicht immer besonders und uneingeschränkt wichtig, das wirst du, sensibel und einfühlsam wie du bist, zu unterscheiden wissen. Es geht darum, sich grundsätzlich *ernst zu nehmen.*

Nur, dass keine Missverständnisse entstehen: Ich habe nicht vor, mich als Paartherapeutin zu betätigen und über Kommunikationsregeln und Beziehungsmuster zu sprechen. Das ist eine völlig andere Bühne, die ist möglicherweise im zweiten Schritt dran. Im ersten Schritt geht es darum, dass du, liebe Nina, dir in deinem Alltag wie in deinem Beziehungsalltag immer wieder bewusst machst, dass du es wert bist – dich ernst zu nehmen.

Konkret im Alltag

▶ Was bedeutet das eigentlich genau – sich ernst nehmen?

Die erste Frage bei der Umsetzung ist eine Forschungs- bzw. Erforschungs-Frage. Denn zunächst einmal geht es ja darum zu verstehen, was Sich-ernst-Nehmen im Alltag in unterschiedlichen Situationen und bei unterschiedlichen Gelegenheiten ganz konkret bedeutet.

In der folgenden Übersicht findest du einige Vorschläge, für welche Bedürfnisse und Situationen das Sich-ernst-Nehmen relevant sein und wie es sich zeigen kann. Es handelt sich hier um eine beliebige und nicht vollständige Auswahl, die dir als Anregung dienen soll, deine eigene Liste zusammenzustellen. Im Download-Material findest du die entsprechenden Blätter zum Ausfüllen. Deine ganz persönliche Liste ist dann Ausgangspunkt für deine nächsten Schritte.

Bedürfnisse ernst nehmen

Für meine körperlichen Grundbedürfnisse	bedeutet ernst nehmen	Klappt wie gut? Schulnoten 1–5
Schlafen	mindestens 8 Stunden schlafen oder nicht bei geschlossenem Fenster schlafen oder wenn ich friere, mir zusätzliche Decken zu holen	5 1 3
Essen	nichts essen, auf das ich allergisch bin oder zu fragen, welche Gewürze in einem Gericht verwendet wurden (wegen Zwiebelallergie) oder sofort (!) zu essen, wenn ich unterzuckert bin	5 4 2
Trinken		
Gesundheit, insbesondere …		

Bedürfnisse ernst nehmen

Für meine emotionalen Grundbedürfnisse	bedeutet ernst nehmen	Klappt wie gut? Schulnoten 1–5
Sicherheit	die Wohnungstür abgeschlossen zu haben, wenn ich allein bin oder die Fenster und Türen geschlossen zu haben, wenn ich nicht belauscht werden will	1 5
Geborgenheit	einander Gute Nacht zu sagen oder einander zu informieren, wenn man sich verspätet	4 5
Anerkennung		
Respekt		
Wertschätzung		
Liebe		

Bedürfnisse ernst nehmen

Für meine geistigen (intellektuellen, kognitiven) Grundbedürfnisse	bedeutet ernst nehmen	Klappt wie gut? Schulnoten 1–5
Wissen	neugierig sein und Fragen stellen	2
Herausforderungen	immer mal die Komfortzone verlassen	4
Lernen		
Auseinandersetzung		
(miteinander) wachsen		
(miteinander) entdecken		

Nimm dir für diese Übung ausreichend Zeit. Vielleicht ist es sogar sinnvoll, sich mehrmals mit dieser Frage zu beschäftigen, denn manchmal versteckt sich das Nicht-auf-sich-Achten und Sich-nicht-ernst-Nehmen im Alltag sehr gut und fällt zunächst einmal gar nicht auf. Dann braucht es tatsächlich einigen Spürsinn und Hartnäckigkeit, die Verstecke zu finden. Kleiner Tipp: Eines ist zum Beispiel der etwas abschätzige Kommentar: »Das ist doch nun wirklich nicht so wichtig.« …

▶ Was kann ich tun, wenn ich bemerke, dass ich mich nicht ausreichend ernst nehme?

Nun wählst du aus deiner ganz persönlichen Liste alle die Elemente (Bedürfnisse) aus, die nicht gut abgeschnitten haben. Ob »nicht gut abgeschnitten« für dich schon bei der Note 3 beginnt oder erst bei Note 4 oder 5, entscheidest du selbst. Möglicherweise ist das auch von Element zu Element verschieden. Nimm alle Elemente (Bedürfnisse), an denen du künftig arbeiten möchtest, und schreibe sie samt deinen Ideen, wie du damit weiterkommen kannst, in eine Liste, die du als Download findest. Im Folgenden ein kleines Beispiel:

Künftig Bedürfnisse ernster nehmen, wie genau?

Bedürfnis, speziell was?	Was kann ich tun, um das ernster zu nehmen?
Schlafen, mind. 8 Stunden	Zuerst und allein ins Bett gehen und nicht warten, bis Richard will.
Essen, keine Nahrungsmittel, auf die ich allergisch bin	Konsequent »nein!« sagen, wenn es etwas zu essen gibt, was ich nicht vertrage und die Enttäuschung oder den Ärger aushalten, der damit verbunden ist – so oft wie irgend möglich.
Sicherheit, nicht belauscht werden	Immer wieder passiert es mir, dass ich mein Bedürfnis unterdrücke, die Fenster zu schließen, wenn Richard anfängt zu brüllen; Ich nehme mir fest vor, beim nächsten Mal SOFORT aufzustehen und die Fenster zu schließen, EGAL, was er dazu sagt.

▶ Sich ernst nehmen in Aktion!

Nutze den folgenden Aktionsplan, um aus deinen Absichten Taten werden zu lassen. Besonders wichtig: Nimm dir Zeit zu reflektieren, wie du vorwärtskommst, und das auch aufzuschreiben. Wenn du eine Weile gearbeitet hast, wirst du froh sein, immer mal wieder nachlesen zu können, was wie geklappt hat und was nicht.

Aktionsplan: Bedürfnisse ernster nehmen

	Worauf will ich achten?	Wie hat es geklappt?
Woche 1		
Woche 2		
Woche 3		
Woche 4		

Du entscheidest selbst, wie viel Arbeit du dir vornimmst. Aber Achtung: ZU ehrgeizige Ziele bergen IMMER die Gefahr des Scheiterns und damit das Risiko von Selbstentwertung und Demoralisierung! Deshalb gilt hier wie so oft:
Lieber viele kleine Brötchen als ein misslungenes Brot.

▶ Und zum Schluss: Sich nicht ZU ERNST nehmen …

Vielleicht steht dir am Ende dieses Aktionsprogramms oder vielleicht auch schon mittendrin der Sinn nach einer kleinen Abwechslung – so etwa, wie viele Weihnachtskekse plötzlich nach einer sauren Gurke rufen … Sollte ich mit meiner Ahnung richtig liegen, wird dir die folgende Übung gefallen. Sollte ich falsch liegen, lies erst gar nicht weiter! Die Übung greift noch einmal den Unterschied zwischen »sich ernst nehmen« und »sich wichtig nehmen« auf und zielt augenzwinkernd auf solche Situationen, in denen du dich vielleicht gelegentlich zu wichtig nimmst. Die Beispiele sind absolut beliebig und wieder nur als Anregung gedacht. Wenn du Lust hast, mache dir deine eigene Liste.

Situationen, in denen ich mich wirklich zu wichtig nehme

- Ich bin wegen einer Kleinigkeit eingeschnappt und kriege mich nicht wieder ein …
- Ich habe einen kleinen Fehler gemacht und daraus wird ruckzuck eine große Sache …
- Ich bin erschöpft, müde, hungrig oder durstig und in einer explosiven Stimmung – eine (klitze-)kleine Kritik – und dann das ganz große Kino …

Meine Herzensbotschaft

Angekommen am Ende dieses langen Briefes, der mir mehr und mehr zu einer Herzensangelegenheit geworden ist, entsteht vor meinem inneren Auge nur ein einziger Satz in großen Lettern:

NIMM DICH ERNST, DU BIST ES WERT.
Deine wohlwollende Begleiterin

Film-Tipp

- *Die Berufung – Ihr Kampf für Gerechtigkeit*. 2019, Regie: Mimi Leder

Sich fordern

Alexander

Ich bin einfach ein Chaot!

Warum bin ich eigentlich schon wieder in einer Psychotherapie gelandet? Ich bin erst Anfang 30 und habe schon eine Therapiedosis intus, die andere ein ganzes Leben lang nicht schaffen. Warum also gerade jetzt? Das ist schnell gesagt: Wenn ich die Klausuren am Ende des Semesters nicht schaffe, werde ich exmatrikuliert und bin definitiv raus aus meinem Studiengang. Das will ich auf keinen Fall, denn mein Traumberuf ist immer noch Geophysiker und dafür muss ich nun mal studieren. Wenn ich überhaupt noch eine Chance habe, weiterzukommen, dann ist sie auf jeden Fall minimal. Ich habe schon so viele Semester verstreichen lassen voller guter Vorsätze und mit halbherzigem Lernen, dass ich nicht weiß, ob ich jetzt noch die Kurve kriege.

Im Grunde bin ich ein totaler Chaot, fange vieles mit fliegenden Fahnen an, um dann ruckzuck, meistens wegen dämlicher Kleinigkeiten, die Segel zu streichen. Ein Therapeut hat einmal grinsend zu mir gesagt: »Als Adler gestartet und als Brathähnchen gelandet.« Das fand ich nicht so besonders nett, muss aber zugeben, er hatte recht. Und das stimmt immer noch. Ich kriege nichts wirklich auf die Reihe, auch wenn ich weiß, dass ich eigentlich intelligent genug bin. Für das Geophysik-Studium bin ich sicher klug genug, ich bin auch schnell im Verstehen und Analysieren. Daran liegt es nicht. Es liegt wohl mehr am Durchhalten und Frust-Aushalten und nicht so schnell Aufgeben und Durststrecken Überstehen. Meine Therapeuten haben mir auch gesagt, dass ich ein »kurzfristiger Typ« bin, womit sie wohl meinen, dass ich kurzfristige Ziele gut erreichen kann, weil ich dann schnell belohnt werde durch das Erreichen der Ziele, dass ich aber langfristige Ziele verfehle, weil ich auf die Belohnung nicht warten kann. Da ist sicher etwas dran, denn ich hasse es, wenn etwas nicht klappt, und fange lieber sofort etwas Neues an. Auf das ursprünglich Begonnene habe ich dann gar keine Lust mehr. So türmen sich bei mir tausend angefangene

Sachen, nicht nur Projekte, sondern tatsächlich auch Dinge, die einfach liegen geblieben sind, weil ich mit einem Detail nicht weitergekommen bin und dann die Lust verloren habe.

Zum Beispiel: Ich hatte eine superschlaue Idee für ein Küchenregal aus alten Weinkisten, das ich mit einer genialen Steckverbindung so konstruieren wollte, dass nicht zu sehen ist, wie die Kisten miteinander verbunden sind, und der Eindruck entsteht, die Kisten würden im Raum schweben. Nachdem ich mir die für die Steckverbindung notwendige transparente Kunststoffmasse besorgt hatte, habe ich nach einigen Experimenten damit festgestellt, dass diese Masse sich am Tageslicht verfärbt und so unansehnlich gelb wird, dass sie dann doch zwischen den Kisten zu sehen ist. Wäre ich nicht so ein chaotischer Typ, hätte ich mich schlau gemacht, ob es Alternativen zu dieser Kunststoffmasse gibt, aber plötzlich hatte ich keine Lust mehr an dem Projekt, und nun stehen die Kisten in meiner Küche herum und die ganze Sache geht mir und meinen Mitbewohnern auf die Nerven. Mit vielen anderen Ideen geht es mir genauso. Wenn ich nicht gleich weiterkomme, bin ich unzufrieden und enttäuscht. Ich fange dann sofort an zu zweifeln, ob ich die Sache überhaupt hinbekomme und ob ich mich nicht einfach mal wieder für viel zu schlau gehalten habe. Zugegeben, meist sind die Projekte nicht ganz einfach umzusetzen, das ist vielleicht der Haken daran, aber wären sie leicht umzusetzen, würden sie mich überhaupt nicht reizen.

Es bleibt dabei: Ich bin ein Chaot, dagegen hilft auch Anstrengung nicht!

Alexanders wohlwollender Begleiter
Auch »Chaoten« können Ziele erreichen

Lieber Alexander,
vielen Dank, du hast mir ein paar supergute Stichworte gegeben! Ich habe deinen inneren Kritiker und deinen Faulpelz zu einer Diskussionsrunde eingeladen und gebe die Stichworte mal als Anregung:

- Ansprüche an sich selbst und reizvolle Ziele wählen
- kurzfristiger Typ und langfristiger Typ
- Frust aushalten und Durststrecken durchhalten.

Innerer Kritiker: Ich kenne dich gut, Alexander, du bist ist ein superschlaues Bürschchen, bist schnell im Kopf, kannst messerscharf schließen und auch schwierige Zusammenhänge analysieren. Dein Berufswunsch ist ideal für dich, du hast eindeutig das Zeug dazu! Du hast so viel Grips, du könntest das Studium spielend schaffen, und mit »spielend schaffen« meine ich nicht, semesterlang herumzuhängen und zu hoffen, dass sich die Seminararbeiten von allein schreiben. Damit meine ich: regelmäßig aufstehen, regelmäßig am Schreibtisch sitzen, regelmäßig in die Veranstaltungen gehen. Damit meine ich nicht, nur um das noch einmal ausdrücklich zu sagen: regelmäßig feiern und stundenlang chatten und auf jedem erreichbaren Flohmarkt Elektroschrott sammeln.

Faulpelz (an den Kritiker gewandt): Wenn du mir so kommst, dann verliere ich sofort die Lust. Wenn es nach dir ginge, würde ich nichts anderes machen als strebern, von morgens bis abends für die Uni pauken, nebenbei am besten noch eine Fortbildung als Yogalehrer machen, und wenn in den Semesterferien noch Zeit ist, zusätzlich zu den sowieso schon umfangreichen Praktika noch freiwillig weitere machen, um meine Berufschancen zu erhöhen. Weißt du was, da steige ich doch lieber aus. Zufrieden bist du ohnehin nicht, wenn ich nicht genau das mache, was du willst und wie du es willst, also was soll ich mich anstrengen?! Wenn mir zwischendurch die Puste ausgeht, werde ich in die Ecke gestellt und verhöhnt. Wenn ich denn je ankommen sollte, aber im Ziel nicht gut genug bin, erwartet mich statt Anerkennung die aufmunternde Bemerkung: »Das hättest du besser gekonnt mit so viel Grips im Kopf.« Nein danke, Anstrengung zwecklos, Belohnung aussichtslos, da lass ich es mir doch lieber gutgehen.

Wohlwollender Begleiter: Ihr zwei seid ja ein Supergespann! Der eine schiebt und drängt, während der andere bremst und sich hängen lässt. Nun ist mein Dilemma, dass ich euch beide gut verstehen kann und damit auch die scheinbar ausweglose Situation, die entstanden ist. Ich fasse noch mal zusammen: Du, innerer Kritiker, meinst, Alexander kann das alles super schaffen, weil er alles hat, was er dazu braucht. Er muss sich halt nur richtig anstrengen. Und du, Faulpelz, hältst dagegen, dass sich die ganze Anstrengung doch nicht lohnt, weil die Ziele so hochgesteckt sind, dass sie sowieso nicht zu erreichen sind, und Alexander dann statt Lob und Anerkennung sowieso nur Kritik erntet. Dann ist doch Kaffee trinken und chillen eine echte Alternative, oder? Ich hätte da mal eine weiterführende Frage: Wie lange geht das eigentlich schon so?

Innerer Kritiker: Ewigkeiten, das war schon in der Schule so, dass Alexander sich nicht so richtig anstrengen wollte und dann natürlich auch nicht so viel Erfolg gehabt hat. Dabei habe ich ihm immer wieder gesagt, dass er intelligent genug ist, um ein wirklich guter Schüler zu sein.

Faulpelz: Ja, Ewigkeiten, das kann ich bestätigen. Ich fand es damals schon bei den Hausaufgaben ätzend, dass jedes Mal, wenn etwas fertig war, noch irgendetwas anderes zu tun war oder doch noch ein kleiner Fehler aufgetaucht ist, der verbessert werden musste. So wurde es immer später mit dem Fußballspielen draußen. Also haben wir uns rausgemogelt und meistens haben wir es gut hingekriegt, dass das gar nicht aufgefallen ist.

Wohlwollender Begleiter: Also war sich Rausmogeln eine gute Methode, um nicht dauernd wie ein Kaninchen hinter der unerreichbaren Karotte herzuhecheln, die der Kaninchenzüchter so geschickt an einem Stab angebracht hat, dass sie immer den gleichen Abstand zum rennenden Kaninchen hat?

Faulpelz: Klar, so haben wir den Kritiker oft ausgetrickst. Wenn er dann gemerkt hat, dass wir uns davongemacht hatten, war es ja oft zu spät. Natürlich hat er dann rumgetobt, das hat aber nicht viel genützt, weil die Milch ja schon verschüttet war.

Wohlwollender Begleiter: Könnte es sein, dass Alexander auf diese Weise gelernt hat, sich auf die unterschiedlichsten Arten herauszumogeln und sich fürs Herausmogeln auch richtig anzustrengen? Dass er aber nicht gelernt hat, sich für die Aufgaben anzustrengen, um die es eigentlich ging?

Innerer Kritiker: Das sag ich doch die ganze Zeit, er strengt sich einfach nicht an! Das ist das ganze Drama!

Wohlwollender Begleiter: Nein, da muss ich dir widersprechen. Wenn es überhaupt ein Drama gibt, dann ist dies allenfalls die eine Hälfte des Problems, die andere Hälfte hast du zu verantworten. Du forderst seit Jahren immer wieder so viel, dass die Ziele für Alexander unerreichbar sind oder dass sie nur mit so viel Anstrengung zu erreichen sind, dass Alexander, der ganz offensichtlich nicht richtig gelernt hat, sich über längere Zeit anzustrengen, sich selbst überfordert und mittendrin aufgibt. Die Folgen, die für Alexanders Selbstwert entstehen, sind schwerwiegend, denn mit jedem Mal sich herausmogeln, mit jedem Mal eine Aufgabe nur halb fertig machen oder sie gar nicht erst angehen, bröckelt ein bisschen von seinem Selbstwert weg, bis schlussendlich nicht mehr viel davon übrig ist.

Das ist deshalb so schädlich, weil der Wunsch, Ziele erreichen und Aufgaben erledigen zu können, bestehen bleibt. Das zeigt das Beispiel des Berufswunschs, Geophysiker zu werden, sehr deutlich. Es wäre eine große Enttäuschung und Niederlage für Alexander, diesen Beruf nicht ausüben zu können, weil er aus dem Studium rausfliegt. Wenn der Selbstwert auf diese Weise Stück für Stück geschrumpft ist, dann fehlt üblicherweise nicht viel zum Aufgeben im großen Stil. Das ist der Moment, in dem Alexander sich als Chaot abgestempelt hat. Damit hat er sich, ohne dass ihm das überhaupt bewusst ist, eine Art Freifahrtschein für chaotisches Verhalten ausgestellt. Das wirkt dann so etwa in dem Sinne: Wenn ich ein Chaot bin, dann bleiben die Sachen halt halb fertig liegen, dann komme ich zu spät oder habe ich sonst was verpeilt … – Eben wie man das von Chaoten üblicherweise erwartet.

Ich glaube, wir müssen uns alle anstrengen, das ganze Team, damit Alexander aus dieser Misere herauskommt. Können wir uns darauf einigen, dass du, innerer Kritiker, Alexander dabei unterstützt, sich für das Erreichen von Zielen anzustrengen, und dass dein Beitrag dazu ist, dass du deine Ansprüche drastisch herunterfährst?

Innerer Kritiker: Klar können wir uns darauf einigen, überhaupt kein Problem. Nur die Klausuren am Semesterende, die können wir dann wohl knicken und der Geophysiker ist damit auch gestorben.
Wohlwollender Begleiter: Da bin ich anderer Meinung. Das Semester hat gerade erst angefangen. Ich habe mir angeschaut, wie viel Alexander für die Klausuren arbeiten muss. Nach meiner Einschätzung ist das zu schaffen, wenn wir alle an einem Strang ziehen und Alexander dabei unterstützen, regelmäßig kleine Schritte mit zumutbarer Anstrengung zu machen und sich angemessen für diese Schritte zu belohnen.
Faulpelz: Ich bin dabei! Das war zwar ein ganz schön faules Leben, da will ich ehrlich sein. Aber wohlgefühlt habe ich mich dabei oft nicht. Und wenn ich trotzdem immer mal wieder meinen Kaffee bekomme, ist das entschieden die bessere Lösung.

Wie geht es jetzt weiter?

Hier, lieber Alexander, kommst du wieder auf die Bühne. Mein Vorschlag: Du verabschiedest dich von dem »Chaoten«, den du dir auf die Stirn geklebt hast, und korrigierst das Bild, das du von dir selbst gezeichnet hast, sehr gründlich. Es sieht vieles danach aus, dass es nicht darum geht, dich als Chaoten zu akzeptieren und mit den unvermeidlichen Misserfolgen von Chaoten zu leben, sondern dass es ein Ziel sein kann, Schritt für Schritt, in kleinen (!) Schritten wohl gemerkt, etwas von dir selbst zu fordern und dranzubleiben, wenn sich Hindernisse in den Weg stellen.

Ja, es wird sogar darum gehen, auf Hindernisse zuzugehen, wieder in kleinen Schritten, erst die kleinen, dann die größeren, und dabei zu lernen, Hindernisse zu bewältigen und das Bewältigen von Hindernissen als Erfolg zu sehen. Das ist die echte Alternative zu der Strategie, den Erfolg darin zu suchen, sich an Hindernissen vorbeizumogeln. Du fragst, was du dafür bekommst, wenn du dich so sehr anstrengst? Du bekommst das unschlagbare Gefühl, zufrieden mit dir zu sein! Zufrieden, weil du etwas geschafft hast, das du dir vorgenommen hast.

Zufrieden mit dir, weil du merkst, dass du mit jedem Schritt einen Schritt weiterkommst und Ziele tatsächlich erreichen kannst (wenn du sie achtsam genug geplant hast). Die Ziele selbst werden dich belohnen! Zum Beispiel eine bestandene Klausur oder eine rechtzeitig abgelieferte Hausarbeit oder dann, nach einigen Semestern, das Diplom …

Bei all dem, darauf hast du selbst anfangs schon hingewiesen, müssen wir die Schwierigkeit im Auge haben, dass viele Ziele nur in mehreren Schritten zu erreichen sind und damit tatsächlich die Belohnung oft erst nach einer Weile spürbar wird. Aber auch dafür gibt es eine Lösung: Du kannst lernen, die kleinen Schritte wertzuschätzen und so anzuerkennen, dass es eine große Leistung für dich ist, dich anzustrengen, um einen kleinen Schritt zu machen. Denn jeder kleine Schritt ist es wert, beachtet zu werden. Das ist das genaue Gegenteil davon, sich als Chaoten abzuqualifizieren und aufzugeben.

Dein »Anti-Chaoten-Programm« könnte etwa so aussehen:

- Selbst-Sabotage enttarnen
- kleine Schritte akzeptieren
- realistische Ziele setzen und erreichen.

Konkret im Alltag

► Selbst-Sabotage enttarnen

Zuerst schaust du dir in aller Ruhe an, auf welche Art und Weise du dich immer wieder daran hinderst, das, was du dir vorgenommen hast, auch tatsächlich zu Ende zu führen. Es gibt unendlich viele Möglichkeiten der Selbst-Sabotage, was so viel bedeutet wie, sich selbst auf dem Weg zu einem angestrebten Ziel ein Bein zu stellen, sich Steine in den Weg zu legen oder gar unüberwindbare Hindernisse aufzubauen. Jeder hat erfahrungsgemäß dabei seine ganz eigenen Strategien und Vorlieben. Auf der folgenden Liste findest du zur Anregung eine Auswahl von Aktivitäten, die sich alle dazu eignen, sich vom Vollenden einer Aufgabe abzuhalten oder zumindest das Erledigen aufzuschieben.

Häufige Sabotageakte

- »zuerst« noch etwas anderes (Wichtiges, Nützliches, Notwendiges …) machen
- sich von kleinen Problemen entmutigen lassen und aufhören
- bei auftauchenden Schwierigkeiten hohldrehen und aufgeben
- zwischendrin »noch schnell« etwas Wichtiges erledigen
- »mal schnell« etwas erledigen, was du sowieso schon lange erledigen wolltest
- aufräumen
- den Arbeitsplatz verlassen, um zum Beispiel Blumen zu gießen, Wasch- oder Spülmaschine zu betätigen, etwas wegzuräumen, zu essen oder zu trinken usw.
- »mal kurz« telefonieren oder chatten, im Internet surfen
- noch mal alles von vorne lesen, etwas nachschauen, etwas überprüfen, was eigentlich gerade aber nicht so unbedingt wichtig ist
- Löcher in die Luft starren
- an etwas anderes denken
- über den Sinn dessen nachdenken, was du gerade tust
- entwerten, *wie* du das tust, was du gerade tust.

Vielleicht findest du die meisten deiner Lieblings-Sabotageakte auf dieser Liste, vielleicht aber bevorzugst du ganz andere Strategien. Schreibe bitte alle Verzögerungs- und Verhinderungstaktiken, Ausreden und Ablenkungsmanöver, die du einsetzt, um dich selbst zu sabotieren. Am besten ist diese Liste in deinem Arbeitsbuch aufgehoben.

Wenn die Liste lang ist, kann es für die spätere Arbeit sehr nützlich sein, eine Unterteilung in »bei der Arbeit / im Beruf« und »zu Hause / im Privatleben« vorzunehmen. Und auch das ist am übersichtlichsten in deinem Buch aufgehoben.

- *Mit Minijobs üben*
  Auch wenn dich die Ungeduld packt, dass es jetzt nicht gleich mit den großen Aufgaben losgeht, die schon lange auf Erledigung warten und an denen du dich natürlich auch beweisen möchtest – es wäre sehr unklug zu meinen, dass nun, nach langer Vorrede und mit festen Vorsätzen, ausreichend gute Bedingungen geschaffen sind, um genau das anzugehen, was dir oft so schwerfällt. Nein, das würde bedeuten, die Latte wieder so hoch zu hängen, dass du sie sicher reißt. Genau das ist dir oft genug passiert: Dass du dir zu viel vorgenommen hast, weil deine Ansprüche immer so hoch sind und du ja endlich etwas schaffen möchtest, und dann waren die ersten Hindernisse auf dem Weg Anlass und Gelegenheit, aufzugeben und dich etwas anderem zuzuwenden. Die Falle wartet jetzt auch auf dich, denn das Aufgeben ist dir zur Gewohnheit geworden, wie auch das Formulieren zu hoher oder unrealistischer Ansprüche. Deshalb ist der zweite Schritt in diesem Programm, Mini-Schritte akzeptieren zu lernen, Mini-Aufgaben ernst zu nehmen und diese wirklich auch zu erledigen, ohne dich selbst dabei zu sabotieren. Der Lernerfolg, der auf dich wartet, ist simpel, aber unschlagbar:

Wenn du kleine Aufgaben erledigen kannst, ohne dich dabei stören zu lassen, abzulenken oder zu unterbrechen, dann kannst du auch große Aufgaben erledigen, denn jede große Aufgabe lässt sich in kleine Teilaufgaben zerlegen!

Los geht es also mit Minijobs!

Mache eine Liste mit Minijobs, die du üblicherweise erledigen musst, aber oft halb fertig liegen lässt oder aufschiebst. Hier findest du ein paar Beispiele:

Meine (un)geliebten Minijobs

z. B. zu Hause

- leere Flaschen entsorgen
- Klamotten wegräumen
- Einkaufstaschen ausräumen
- Wäsche zusammenlegen
- Fahrrad aufpumpen
- Termin per Telefon vereinbaren
- kurz zurückrufen
- Müll wegbringen

z. B. bei der Arbeit

- E-Mail-Postfach aufräumen
- kurz zurückrufen
- erledigten Papierkram ablegen
- Belege sortieren
- Terminvorschlag bestätigen
- Papierstapel sortieren

Wenn die Liste fertig ist, gehst du Schritt für Schritt vor:

- Am ersten Tag wählst du *eine* Aufgabe von der Liste aus und versprichst dir, dass du diese Aufgabe an diesem Tag *auf jeden Fall unter jedem Umstand* erledigen wirst.
- Für die nächsten Tag gehst du genauso vor, möglicherweise traust du dir bald schon zwei von diesen Minijobs zu, das musst du selbst sehr sorgfältig abwägen und hängt natürlich auch von der Größe der Minijobs ab.
- Das machst du am besten für zwei bis vier Wochen jeden Tag.
- Du entscheidest selbst, wann du genug »Minijobs geübt« hast, um dich an größere Aufgaben heranzutrauen.

Als Merkhilfe und zu deiner eigenen Kontrolle kannst du dazu die Liste im Downloadmaterial benutzen. Hier siehst du eine verkürzte Variante davon:

Meine täglichen Minijobs

to do zu Hause	Wann genau?	✓
		☐
		☐
		☐
		☐

to do im Job	Wann genau?	✓
		☐
		☐
		☐
		☐

!!! Von entscheidender Bedeutung ist, dass du dir durch die Auswahl und das Timing der Aufgaben die Möglichkeit gibst, dein Versprechen wirklich einzuhalten und so Erfolg zu haben. Auf keinen Fall soll es passieren, dass du, weil du zu ehrgeizig vorgehst, wiederholst, was du zur Genüge kennst: Du nimmst dir etwas vor, verlierst zwischendrin Energie, Lust oder Mut und lässt es liegen. Ziel dieser Übungen ist genau das Gegenteil. Sie sollen dich fordern, aber trotzdem so leicht sein, dass du sie wirklich schaffen kannst!

- *Den Hochmut des inneren Kritikers mäßigen*
  Der Weg, auf den du dich mit diesem Programm machst, verlangt auch deinem Kritiker viel ab. Er muss nämlich lernen, kleinere Brötchen zu backen und mit denen dann auch noch zufrieden zu sein. Rechne damit, dass er sich immer wieder mit seiner Meckerstimme meldet und mehr Anstrengung und anspruchsvollere Ziele einfordert. Setze dieser Stimme so viel Widerstand entgegen, wie du aufbringen kannst! Wenn du zurückschaust, kommst du immer wieder an denselben Punkt: Was nützen dir die hehren Ziele, wenn du sie verfehlst und daran scheiterst?

Hier ein paar Anregungen, was du dem Kritiker entgegenhalten kannst:

Was den inneren Kritiker bremst …

- Erst üben, dann glänzen!
- Viele kleine Schritte ergeben eine Spur.
- Mit vielen kleinen Schritten in der Spur zu bleiben ist viel besser, als mit wenigen großen dauernd neben der Spur zu landen.
- Lieber einen moderaten Sprung wagen und Erfolg haben, als mit einem großen Sprung scheitern.

- *Mit Mutsätzen arbeiten*

  Du hast dir ein anspruchsvolles Arbeitsprogramm vorgenommen, auch wenn sich das in dieser Arbeitsphase möglicherweise noch gar nicht so anfühlt, weil du dich ja noch im »Minijob-Bereich« bewegst. Nichtsdestotrotz hilft erstens Ermutigung grundsätzlich, – auch die und besonders die, die du dir selbst gibst. Und zweitens ist es von großem Vorteil, mit der Selbst-Ermutigung schon dann anzufangen, wenn die Aufgaben noch nicht so schwierig sind, weil dann auf jeden Fall genug Energie zum Üben zur Verfügung steht. Und drittens ist die Selbstermutigung das allerbeste und allerwirksamste Mittel gegen die S e l b s t e n t m u t i g u n g . Denn während du viel Übung darin hast, dich runterzumachen, indem du dich selbst entwertest (»So benimmt sich ein Waschlappen.«, »Wusste ich doch, dass ich das nicht hinkriege, bin halt ein Chaot.«), hast du außerordentlich wenig Übung darin, zu dir zu halten, wenn es schwierig wird, und dir selbst Mut zu machen. Deshalb ist das Üben mit Mutsätzen so besonders wichtig. Hier findest du eine Sammlung von möglichen Mutsätzen.

Mutsätze

- Du kannst das schaffen.
- Du schaffst das.
- Du hast die Energie und die Kraft.
- Du kannst das aushalten.

- Du bist stark genug.
- Du bist klug genug.
- Du hast das Zeug dazu.
- Du darfst dir Hilfe holen, wenn du allein nicht weiterkommst.
- Du hast schon ganz andere Aufgaben bewältigt.
- Du hast schon ganz andere Herausforderungen gemeistert.
- Du darfst viele kleine Schritte machen.
- Schritt für Schritt kommst du ans Ziel.
- Das kannst du dir zutrauen.
- Du kannst auf dich zählen.
- Das hast du super gemacht.
- Das hast du gut gemacht.
- Du hast schon viel geschafft.
- Du bist schon auf dem Weg.
- Ein Schritt nach dem anderen.
- Jeder kleine Schritt zählt …

Deine eigenen Mutsätze kannst du in das Blatt schreiben, das du als Download findest. Hier eine kleine Version davon:

Meine besten Mutsätze

....

....

....

....

....

In dem täglichen Üben mit den Mutsätzen geht es nun darum, dass die Selbstermutigung dir zur Gewohnheit wird und das Sich-selbst-Mut-Machen Schritt für Schritt die Selbstentwertung ersetzt. Am Beginn dieses Weges werden dir gewohnheitsmäßig eher negative Sätze einfallen (»Das hättest du dir doch gleich denken können.«, »Nur Idioten machen solche Fehler.« usw.). Je häufiger du dein eigenes Handeln mit positiven Sätzen begleitest, desto schneller werden das Vertrauen in dich und die Zuversicht, Dinge zu schaffen und Aufgaben erledigen zu können, wachsen.

Hier noch einige Tipps, wie du die Präsenz von Mutsätzen erhöhen kannst, sodass die Selbstermutigung in deinem Alltag nach und nach einen selbstverständlichen Platz einnimmt.

- Gestalte eine Reihe von Postkarten oder Karteikarten mit Mutsätzen. Nimm dir bitte unbedingt Zeit, die Karten so zu gestalten, dass sie dich wirklich ansprechen.
- Verteile diese Postkarten in der Wohnung, in Taschen und Ordnern, sodass sie dir immer wieder in die Hände fallen.
- Lege die Liste »meine besten Mutsätze« gut sichtbar an deinen Arbeitsplatz, wenn du dich an die Erledigung einer Aufgabe machst. Wenn du in Versuchung gerätst, dich selbst zu unterbrechen oder von der Aufgabe abzulenken, schaust du als Erstes auf die Liste und liest dir selbst einen oder zwei Mutsätze vor, die dich gerade ansprechen könnten.
- Alternativ zu diesem Vorgehen kannst du auch zwei oder drei Postkarten auswählen, von denen du glaubst, dass sie dich bei der Erledigung der Aufgabe unterstützen könnten.
- Gestalte einen deiner Lieblings-Mutsätze als Bildschirmschoner oder Handyoberfläche.
- Wechsle die Mutsätze regelmäßig, damit du dich nicht so sehr an sie gewöhnst, dass du sie nicht mehr wahrnimmst.

▶ Realistische Ziele setzen und erreichen

Gut trainiert in Minijobs, ausgerüstet mit reichlich Mutsätzen und einem Maulkorb für den inneren Kritiker, kannst du dich nun an die größeren Projekte wagen. Ob es nun eine Klausur ist oder eine Hausarbeit, ein Exposé für den lange versprochenen Artikel oder das Küchenregal, das du schon vor Monaten versprochen hast zu bauen. Bei all diesen Projekten ist *realistisch* gleichbedeutend mit *erreichbar in der zur Verfügung stehenden Zeit.* Was nun wiederum mit sich bringt, dass zum realistischen Planen auch die Fähigkeit gehört, die Zeit, die zur Erledigung einer Aufgabe notwendig ist, wenigstens einigermaßen einschätzen zu können. Das ist nicht immer leicht, manchmal sogar auch unmöglich, was zwangsläufig bedeutet, für die Aufgaben genügend Pufferzeit wegen nicht absehbarer Schwierigkeiten einzuplanen, damit nicht unproduktiver und schädlicher Zeitdruck entsteht. Das stellt sicher, dass das Ziel letztlich auch erreichbar bleibt. Aus diesen Überlegungen folgt, dass in dem Zeitplan, der für jedes größere Projekt unerlässlich ist, auch die Aktivitäten und Verpflichtungen bei der Tagesplanung mitberücksichtigt werden müssen, die vorhersehbar Zeit beanspruchen und damit die Zeit begrenzen, die für das Projekt zur Verfügung steht. Es macht also zum Beispiel wenig Sinn, eine große Literaturrecherche für einen Tag zu planen, an dem klar ist, dass am Nachmittag ein Zahnarztbesuch geplant ist. Es hilft dann auch nicht, insgeheim zu hoffen, dass die Literaturrecherche vielleicht doch sehr schnell geht (hier grüßt freundlich der innere Kritiker) und sie wider besseres Wissen nicht gleich auf zwei Tage zu verteilen.

Bevor es aber an die Tages- oder Wochenplanung geht, teilst du das Projekt in Schritte auf. Bei jedem Schritt fragst du dich ehrlich und selbstkritisch, was dich daran hindern könnte, diesen Schritt überhaupt in Angriff zu nehmen oder ihn zu Ende zu führen. Das können zum einen Hindernisse sein, die du gar nicht zu verantworten hast (z. B. du kannst das Material nicht auftreiben, das du für diesen Schritt brauchst, oder die Literaturrecherche führt ins Leere), zum andern aber sind es vor allem die Hindernisse, die zur Kategorie der Selbst-Sabotage gehören. Das Aufschreiben dieser Hindernisse dient nun nicht dazu, dich schon vorab zu entmutigen, sondern ganz im Gegenteil, deinen Willen zu stärken, bei auftretenden Hindernissen nach Lösungen zu suchen, wie du diese überwinden kannst. Deshalb ist die Frage, was du bei auftretenden Hindernissen tun wirst, schon für die Planungsphase ungeheuer wichtig.

Für deine Planung gibt es zwei Listen zum Download. Ausschnitte davon siehst du hier:

Großes Projekt – in kleinen Schritten

Mein Ziel .... **erreicht bis** ....

1. Schritt

Mögliche Hindernisse/Sabotageakte bei diesem Schritt

Was werde ich dagegen tun?

2. Schritt

Mögliche Hindernisse/Sabotageakte bei diesem Schritt

Was werde ich dagegen tun?

Viele kleine Schritte – großes Projekt

Tag 1 (Wochentag, Datum) ....
Was tun für das Projekt? ....

Was ist sonst noch an diesem Tag? ....

Was könntest du an diesem Tag Gutes für dich tun? ....

Tag 2 (Wochentag, Datum) ....
Was tun für das Projekt? ....

Was ist sonst noch an diesem Tag? ....

Was könntest du an diesem Tag Gutes für dich tun? ....

Für die Klausur »Allgemeine Grundlagen der Geophysik« könnte der Plan für die ersten beiden Schritte folgendermaßen aussehen:

Beispiel: Großes Projekt – in kleinen Schritten

Mein Ziel: Klausur »Allgemeine Grundlagen der Geophysik« **erreicht bis** 25.02.2021

1. Schritt: Überblick über Stoff verschaffen, Themenliste erstellen, Literatur für die Themen anschauen, ggfs. Literatur besorgen, Überblick vertiefen, wie umfangreich die einzelnen Themen sind, Lerneinheiten festlegen

Mögliche Hindernisse/Sabotageakte bei diesem Schritt

1. Teile der Literatur nicht zugänglich
2. Mache erst noch etwas anderes, erwäge, auf den nächsten Tag zu schieben
3. Schaue kurz ins Material und habe dann keine Lust mehr
4. Fange an zu telefonieren, statt das Vorbereitungsmaterial zu lesen

Was werde ich dagegen tun?

Zu 1.: Mache mit der Literatur weiter, die verfügbar ist, und finde heraus, wie ich an den Rest komme

Zu 2., 3., und 4.: Aufschieben lasse ich mir nicht durchgehen; ich höre sofort mit der Ablenkung auf, wenn sie mir auffällt; ich ermuntere mich weiterzumachen und verspreche mir einen Kaffee, wenn ich eine Stunde durchgehalten habe

2. Schritt: Möglicherweise noch Informationen ergänzen, um Überblick zu bekommen, möglicherweise Lerneinheiten präzisieren, festlegen, wie viel Zeit ich für welche Lerneinheit brauche

Mögliche Hindernisse/Sabotageakte bei diesem Schritt

Kann sein, dass ich nicht genug Informationen bekomme.

Was werde ich dagegen tun?

Zu 1. Dann arbeite ich mit dem, was ich habe, und verbrauche nicht weiter Energie, um an weitere Informationen zu kommen, damit kann ich mich nämlich prima ablenken und habe dann auch noch das Gefühl, etwas Nützliches zu tun

Zu 2., 3. und 4.: wie bei Schritt 1

Beispiel: Viele kleine Schritte – großes Projekt

Tag 1 Montag
Was tun für das Projekt? Schritt 1 aus der Projekt-Liste
Was ist sonst noch an diesem Tag? Nichts!
Was könntest du an diesem Tag Gutes für dich tun? Sport mit Eva

Tag 2 Dienstag
Was tun für das Projekt? Schritt 2 aus der Projekt-Liste
Was ist sonst noch an diesem Tag? Nachmittags Zahnarztprophylaxe, danach werde ich sicher nichts mehr tun, ist auch in Ordnung so
Was könntest du an diesem Tag Gutes für dich tun? Weiß nicht, kommt darauf an, wie der Zahnarzttermin verläuft

Tag 3 Mittwoch
Was tun für das Projekt? Schritt 3 aus der Projekt-Liste: ECHTER LERNSTART: LERNEINHEIT 1. Gut, dass es nur ein halber Tag ist, das macht die Hürde tatsächlich etwas kleiner.
Was ist sonst noch an diesem Tag? Nachmittags Jobben in der Uni
Was könntest du an diesem Tag Gutes für dich tun? Belohnung für den Lernstart ist total wichtig. Eine Pizza backen mit Eva wäre eine schöne Idee. Ich hoffe nur, dass ich es wirklich packe!

!!! *Den Faulpelz im Auge behalten und unbedingt Zeit für ihn einplanen!*

In dem Beispiel ist sehr schön zu sehen, wie ungeheuer wichtig es ist, die Hürden und Hindernisse vorherzusehen und sich gut darauf vorzubereiten, wie diese zu überwinden sind. Dabei sind die Zeiten zum Ausruhen und die Gelegenheiten, etwas Gutes für sich tun, ganz besonders wichtig. Wenn du dir diese nicht garantierst, sie also nicht fest in deinen Tag und die Woche einplanst, sondern diese immer wieder davon abhängig machst, wie zufrieden du mit deinen Fortschritten bist, wird sich der Faulpelz immer wieder Zeiten ergaunern, indem er dich beispielsweise zum Pausemachen verführt, wenn eigentlich keine Pause geplant ist, oder er wird mit dem Argument »erst noch das oder das zu erledigen« dafür sorgen, dass du dich später an den Schreibtisch setzt, als du es eigentlich vorgehabt hast. Der Faulpelz braucht seine Auszeiten! Er muss die sichere Aussicht haben, dass er auch drankommt, dass er sich ausruhen darf, nicht lernen muss und immer mal wieder zu nichts gut ist außer zum Chillen!

DIE BOTSCHAFT DES SELBSTWERT-TEAMS:
MANN, DU SCHAFFST DAS!

Wir sind dabei,
Dein wohlwollender Begleiter, dein innerer Kritiker und dein Faulpelz

Buch-Tipps

- Miriam Junge: *Kleine Schritte mit großer Wirkung. Mit minimalen Veränderungen zu maximaler Zufriedenheit*. München: Kösel, 2020
- Paulo Coelho: *Handbuch des Kriegers des Lichts*. Zürich: Diogenes, 2006

Fair mit sich sein

Lea

Alle anderen können das besser als ich!

Von außen betrachtet sieht bei mir alles gut aus: Ich bin Anfang 30 und arbeite fest angestellt in einer etablierten Werbeagentur. Mit meinen Kolleginnen verstehe ich mich gut, sodass wir auch in der Freizeit immer mal wieder etwas zusammen unternehmen. Seit kurzem habe ich einen Partner, mit dem es die meiste Zeit richtig schön ist. Ich lebe in einer kleinen Wohnung, die ich mir gemütlich eingerichtet habe, und ich fahre ein winziges Elektroauto, auf das ich sehr stolz bin. Ich könnte noch eine ganze Weile so weitermachen, zum Beispiel von den Beziehungen zu meinen Eltern und meinen Geschwistern erzählen (die gut sind), von meinen vielen Interessen (Sport, Tanzen, Reisen) …

Die Fassade ist perfekt, und hinter den Kulissen herrscht das reine Chaos! Ja, ich bin Anfang 30, und während meine Freundinnen bereits Kinder haben oder gerade Mutter werden, an einem Eigenheim bauen und gleichzeitig ihre Promotion abschließen, sitze ich in einer Werbeagentur und höre die biologische Uhr ticken. Während *alle* meine Freundinnen es gut hingekriegt haben, rechtzeitig einen Partner zu finden, mit dem sie eine Familie gründen wollten, verliebe ich mich immer wieder in die falschen Männer oder kann mich nicht entscheiden und bleibe Single. Beruflich bin ich im unteren Mittelmaß stecken geblieben: Bereits die dritte Kollegin ist in der Zeit, in der ich nun in der Agentur arbeite, aufgestiegen, während ich immer noch dieselbe stupide Redigier-Arbeit mache und auf keinen grünen Zweig komme. Ich bin einfach nicht schnell und clever genug und habe keine witzigen Ideen. Wenn ich dann doch mal eine habe, zögere ich so lange, bis jemand mir zuvorkommt und mir das Projekt vor der Nase wegschnappt. Na prima. Ich weiß nicht, wie oft das schon so gelaufen ist, und ich mache immer wieder dieselben Fehler. Wahrscheinlich fehlt es mir nicht nur an Mut, sondern auch noch an Elan und Durchhaltevermögen. Zu Hause ist das auf jeden Fall so. Wenn ich von der Arbeit komme, bin ich so k. o., dass ich im Chaos versinke und mich zu nichts mehr aufraffen kann, alles liegen lasse und die guten Pläne für den Sport und das gesunde Essen auf den nächsten Tag oder, schlimmer noch, aufs Wochenende verschiebe. Keine Ahnung, wie die anderen das machen, ich kriege es auf jeden Fall nicht hin, Ordnung in mein Leben zu bringen, mich fortzubilden, weiterzukommen und das zu tun, was *jede normale Frau in meinem Alter* tut: einen spannenden Job haben, Familie planen und Kinder kriegen.

Leas wohlwollende Begleiterin
Du bist in Ordnung, wie du bist

Liebe Lea,
autsch! Das klingt wie ein handfester Rundumschlag! Da verschlägt es mir erst mal die Sprache, und ich halte den Atem an, weil ich fürchte, dass das noch lange nicht alles ist, was du dir um die Ohren haust, wenn du so richtig in Fahrt kommst. Da wütet ganz offensichtlich ein wildgewordener innerer Kritiker, der nichts, rein gar nichts gelten lässt. Ich glaube, bevor wir überhaupt weiterkommen können, müssen wir den ein wenig beruhigen. Vielleicht fragen wir ihn zuerst einmal, was ihn so in Rage gebracht hat, dass er so um sich schlagen muss und nichts, was du bisher in deinem Leben erreicht hast, gelten lässt.

Leas aufgebrachter Kritiker
»Das kann ich dir genau sagen«, höre ich schon den Kritiker lospoltern, »rein gar nichts läuft bei Lea nach Plan. GAR NICHTS. Sie macht haufenweise Pläne, aber nur, um sie im erstbesten Moment wieder über den Haufen zu werfen. Und wenn sie das ein paar Mal hintereinander gemacht hat, ja, dann ist sie so fix und fertig, dass bei allem, was sie anschließend anpackt, nur noch MURKS herauskommt. Und mit Murks bin ich einfach nicht zufrieden. Wenn mich einer mal fragen würde, wie das alles anfängt, dann wüsste ich schon eine Antwort …«

Genau die wollen wir gerne hören, ermuntere ich ihn.

»Sie nimmt sich einfach immer viel zu viel vor. Und zwar *immer alles auf einmal*! Dabei darf es von allem nur das Anspruchsvollste, das Beste sein. Ich glaube ja, die Pläne würden aufgehen, wenn es jeweils nur *ein* anspruchsvolles Ziel wäre und nicht gleich fünf. Dann könnte schön eins nach dem anderen kommen. Ich bin sicher, das würde gehen. Natürlich würde ich meine hohen Ansprüche nicht aufgeben, das ist nicht mein Ding. Anspruchsvoll muss das Ziel schon sein, Anstrengung gehört auf jeden Fall dazu, aber nicht gleich alles auf einmal. Das ist schlicht und ergreifend Murks.«

Inzwischen hat sich der innere Kritiker tatsächlich etwas beruhigt und wir können uns die ganze Sache einmal genauer angucken. Mit einer Sache hat er sicher recht: Gleich fünf anspruchsvolle Ziele auf einmal, das kann einfach nicht funktionieren. »Aber andere schaffen das doch auch!«, höre ich dich losschimpfen, liebe Lea, »wieso soll ich das nicht schaffen?!«

Ehrlich gesagt, wissen wir nicht wirklich, ob es andere schaffen. Meist sehen wir nur einen Aspekt des Lebens der Menschen, die wir für ihre Effizienz, Disziplin o. Ä. bewundern oder beneiden. Meist aber sind wir nicht vertraut genug mit den Lebensumständen der Menschen, die wir bewundern oder beneiden, um beurteilen zu können, ob jemand es schafft, fünf Ziele, und dann auch noch anspruchsvolle, gleichzeitig mit Bravour zu erreichen. Aber es steht uns natürlich frei, ein wenig die Fantasie schweifen zu lassen. Gäbe es diese Menschen in diesem idealen Alltag, dann könnten wir uns den ungefähr so vorstellen: Die Gruppenleiterin in der Agentur hat einen Tag gepackt voll mit anspruchsvollen Aufgaben, schafft diese in erheblich weniger Zeit, als alle anderen üblicherweise dafür einkalkulieren würden, geht danach frisch und munter nach Hause, um dort ein gesundes Abendessen vorzubereiten, die Spülmaschine auszuräumen, die Waschmaschine anzustellen und auch noch eben das Bad zu putzen, um sich dann als Nächstes für den Abendlauf fertig zu machen. Nach einer guten Stunde kehrt sie ausgepowert, aber zufrieden zurück, verzehrt mit großer Freude das schon vorbereitete Abendessen, um es sich dann noch mit einem Buch bis zum Schlafengehen auf der Couch gemütlich zu machen.

Was glaubst du, liebe Lea, *wie oft* (pro Woche? pro Monat?) gelingt so ein idealer Alltags-Tag den idealen Menschen, die du für weitaus kompetenter, effizienter, intelligenter und cleverer hältst als dich selbst? Und was glaubst du, wie viel Energieaufwand es bedeutet, so einen idealen Tag herunterzuspulen? Und wie viel Glück dazu gehört, dass da nichts Unvorhergesehenes dazwischenkommt?

Was läuft da schief? Wo steckst du fest?

Liebe Lea, wenn du so ausgepowert bist, so mit dir haderst und kein gutes Haar an dir lassen kannst, dann sind alle anderen, die dir in den Sinn kommen, erfolgreicher, intelligenter, lebensklüger und noch vieles mehr, als du je gewesen bist und je sein könntest. Dann siehst du in der Welt um dich herum nur Personen, die alles besser können als du und denen alles besser gelingt. Bitte lass dir von mir sagen, dass du in deiner maßlosen Enttäuschung über dich selbst einen fatalen Schlussfolgerungsfehler machst, den du mit großer Beharrlichkeit für jeden Vergleich, der dir in den Sinn kommt, wiederholst: Du nimmst die Eigenschaft einer Person, die Leistung, den Erfolg, jeweils immer das isolierte Merkmal, von dem du annimmst, dass es ideal ausgeprägt ist, und überträgst dieses eine von dir als positiv eingeschätzte Merkmal ungeprüft auf viele andere Merkmale. So geschieht es, dass um dich herum nur Gewinner unterwegs sind und du die einzige Verliererin unter ihnen bist. Denn wenn bei dir ein Merkmal negativ ausgeprägt ist, überträgst du es, getreu deinem Verallgemeinerungsmuster, auf alle anderen Merkmale deiner Person und stehst dann zwangsläufig als Verliererin dar.

Die Freundin – glückliche Ehefrau und stolze Mutter von zwei Kindern?

Nehmen wir ein konkretes Beispiel: Die gleichaltrige Freundin, mit der du dich misst, hat es in deinen Augen geschafft. Beruflich erfolgreicher Ehepartner, zwei Kinder, vielleicht sogar ein Eigenheim. Was du aber nicht weißt: Ist sie glücklich, so wie sie lebt? Erlebt sie ihre Ehe als erfüllend? Macht ihr der halbtags ausgeübte Beruf Freude? Ist sie abends, nach Halbtagsberufstätigkeit, Kindern, Haushalt und dazu auch noch Sport zufrieden und ausgeglichen? Was schafft sie alles und was schafft sie alles nicht? Selbst wenn du sie einigermaßen gut kennst, ist immer nur ein Ausschnitt zu sehen aus ihrem Leben. Und mit ziemlich großer Wahrscheinlichkeit wirst du den Ausschnitt sehen, den die Freundin dir zeigen möchte, sicher aber nicht den, mit dem sie selbst nicht einverstanden ist, der sie möglicherweise unglücklich macht und nach Veränderung ruft. In deiner Vorstellung aber, wenn du dich vergleichst und als Loser hinstellst, weil du noch keine zwei Kinder hast, obwohl du genauso alt bist wie die Freundin, dann siehst du nur den einen Aspekt und machst ihn zum Bewertungskriterium für Glück oder Erfolg oder Kompetenz, je nachdem.

Das ist nicht fair!

Der perfekte Wohnstil der Arbeitskollegin

Schauen wir uns noch ein anderes Beispiel an: Du bist bei einer Arbeitskollegin zum Abendessen eingeladen und wirst blass vor Neid, weil der Eingangsbereich, das Wohnzimmer und die Küche perfekt aufgeräumt sind und blitzblank geputzt, alles geschmackvoll hergerichtet ist, frische Blumen verteilt sind und auf der Gästetoilette sogar frische Seifenstücke und frische Handtücher zu finden sind. Tatsache ist, dass die Kollegin all das geschafft hat, bevor du eingetroffen bist. Alle weiteren Schlussfolgerungen sind Hypothesen, für deren Richtigkeit es wenige Anhaltspunkte gibt. Sieht es bei der Kollegin immer so aus oder zumindest fast so? Sind Schlafzimmer und Arbeitszimmer auch so aufgeräumt oder liegt dort all das, was für deinen Besuch nicht ins Bild passte? Hat die Kollegin das alles in letzter Minute und in größter Hektik hingekriegt? Oder hat sie vielleicht sogar eine Putzhilfe, die das alles für sie erledigt und damit das Geheimnis des perfekten und komplett aufgeräumten Wohnstils ist? Du kannst es nicht wissen, und jede Schlussfolgerung, die zu dem Ergebnis kommt, dass die Kollegin das alles so viel besser kann als du, ist unfair dir selbst gegenüber, unfair gegenüber deiner Anstrengung, es so gut zu machen, wie du kannst, und unfair gegenüber dem, was du gut kannst und hinkriegst in deinem Leben.

Wie kommst du weiter? Was kannst du tun?

Ich schlage zwei *Sofortmaßnahmen* vor, die du gut umsetzen kannst, wenn du dich sehr konsequent darauf konzentrierst und richtig viel Energie dafür aufbringst. Das ist vor allem wichtig in kritischen Situationen, in denen tatsächlich etwas schiefgelaufen ist. Denn besonders in solchen Situationen neigst du dazu, dich per Rundumschlag zu entwerten.

- Maßnahme 1: Mit den unfairen Vergleichen aufhören

und

- Maßnahme 2: Das »Besser-mich-Programm« radikal schrumpfen.

1. Mit den unfairen Vergleichen aufhören

Stoppe die Vergleiche mit den »idealen Anderen«, die dir in deinen Augen immer überlegen sind, egal, um was es gerade geht. Du weißt im Grunde deines Herzens, dass diese Vergleiche dich nicht anspornen, sondern dich einfach nur fertigmachen und dich schwächer zurücklassen, als du dich ohnehin schon fühlst. Wenn du nun einwenden möchtest, dass du das nicht so einfach kannst, weil es ja schließlich in deinem Leben tatsächlich erfolgreichere und schnellere Menschen gibt, dann erwidere ich, dass das natürlich zutrifft, dass es dir nichtsdestotrotz aber überhaupt nicht hilft, sondern dich im Gegenteil nur entmutigt, dich mit diesen Menschen zu vergleichen und zu dem Schluss zu kommen, dass du schlechter abschneidest als diese. Es bleibt dabei, du kannst dir ein Ziel setzen, das erreichbar ist, und dich dafür aufrichtig und konsequent anstrengen, dabei unterstütze ich dich gern und vorbehaltlos, aber es ist in jeder Hinsicht unsinnig und schädlich für deine Selbstwertschätzung, wenn du für dich ein Ideal entwirfst, das dir, deiner Person, deinen Fähigkeiten und Möglichkeiten nicht gerecht wird. Das kann ich nicht unterstützen.

2. Das »Besser-mich-Programm« radikal schrumpfen

Sogar dein innerer Kritiker, der bekanntermaßen in seinem Anspruchsdenken nicht zimperlich ist, hat bemerkt, dass du dir gewohnheitsmäßig »viel zu viel und alles auf einmal« abverlangst: Du sollst dein Leben rundherum im Griff zu haben, in allen Aspekten und dann auch noch auf hohem Niveau. Nach meiner Einschätzung führt hier nur ein Weg zur Heilung, dem stimmt sogar dein anspruchsvoller Kritiker zu. Nämlich, dein umfangreiches »Besser-mich-Programm« radikal zusammenzustreichen und mit einem einzigen Ziel zu beginnen. Dieses eine Ziel muss in einer realistischen Zeit erreichbar sein und du musst bereit sein, genügend Energie dafür aufzubringen, konsequent an den notwendigen Änderungen von Verhaltensmustern zu arbeiten. Diese Arbeit wird dich äußerlich und innerlich weiterbringen. Äußerlich, denn du wirst etwas an deinem Leben verändern. Und innerlich, denn du wirst den Fortschritt spüren und dich über den Erfolg freuen können. Das wird dich wiederum ermutigen, den nächsten Veränderungsschritt zu planen und in Angriff zu nehmen. Damit vollziehst du einen entscheidenden Konzeptwechsel:

Von ***»alles auf einmal«*** zu ***»eins nach dem anderen«***.

Konkret im Alltag

Du wirst überrascht sein, dass es jetzt nicht gleich mit diversen Vorschlägen losgeht, wie du die beiden Sofortmaßnahmen möglichst effektiv umsetzen kannst. Das wäre in der Tat naheliegend und dazu auch noch verlockend, denn ein sorgfältig konzipiertes Schritt-für-Schritt-Programm verspricht Erfolg und Belohnung. Das lässt sich in vielen Kapiteln dieses Buches nachlesen (das »Eins nach dem anderen und Schritt für Schritt planen«-Prinzip beispielsweise im Kapitel von »Alexander«). Es ergibt durchaus bei vielen persönlichen Entwicklungsaufgaben einen tiefen Sinn.

Doch manchmal führt der Weg ins Haus durch den Garten …

Mein allererster und (fast) einziger Vorschlag:

Beginne ein Glückstagebuch!

In dieses Buch schreibst du (möglichst!) jeden Tag, was dich heute

- glücklich
- froh
- gut gelaunt
- heiter
- wohlwollend
- positiv
- beschwingt
- freudig
- zuversichtlich
- mutig
- tapfer
- vertrauensvoll
- stark
- leichten Herzens …

macht oder gemacht hast. NUR, was gut war und gutgetan hat. NICHTS anderes.

Insbesondere nichts, was du heute an dir auszusetzen hast oder hattest oder womit du unzufrieden bist.

Nimm ein besonders schönes Buch oder Heft und mache es zu deinem Glückstagebuch. Vielleicht hast du sogar schon eines, das nur darauf wartet, gebraucht zu werden. Möglicherweise kaufst du dir eines, das dir ganz besonders gut gefällt. Vielleicht möchtest du das, was du hineinschreibst, zusätzlich gestalten, mit Fotos, Zeichnungen, Stickern, Skizzen …, sodass jeder Eintrag ein Mini-Freuden-Fest wird. Das Entscheidende bei alldem ist, dass du dich durch das Aufschreiben immer wieder den lichten Momenten und deinen leichten Gefühlen des Tages zuwendest.

Was – das ist alles? Und was soll das bringen? Das bringt die ganze große Menge von positiven Gedanken und guten Gefühlen in dein Bewusstsein, die in deinem Leben prinzipiell möglich sind. Im Moment sind diese guten Gedanken und positiven Gefühle noch versteckt hinter dem dichten Nebel, den Selbstentwertung mit unfairen Vergleichen und ständigen Selbstvorwürfen erzeugt. Die intensive und regelmäßige Konzentration auf die guten Gefühle, die glücklichen Momente und die wohltuenden Erlebnisse eines Tages hilft, diesen zunächst undurchdringlich erscheinenden Nebel zu lichten und sich selbst in einem bisher unbekannten Licht zu erleben.

Auch wenn der Auftrag einfach erscheint, hat er es trotzdem in sich. Denn er verlangt, dass du die Mecker-Brille absetzt, mit der du dich selbst betrachtest (übrigens – mit dieser kritischen Brille betrachtest du selbst deine ärgsten Feinde selten!). Stattdessen setzt du von nun an so oft wie möglich die Glücks-Brille auf. Durch diese Brille betrachtest du dich selbst, deine Person, dein Handeln, deine Stimmung mit wohlwollendem Blick – so wohlwollend und liebevoll zugewandt, wie du einen geliebten Menschen betrachten würdest.

Da du so sehr an deine Mecker-Brille gewöhnt bist, dass du es meist gar nicht bemerkst, wenn du sie trägst, braucht es viel Konzentration und Aufmerksamkeit, sie abzusetzen und dafür die Glücks-Brille aufzusetzen. Genau dazu lädt das Führen des Glückstagebuchs ein, weil du innehältst, den Tag vor deinem inneren Auge vorbeiziehen lässt und dich auf die guten und glücklichen Momente konzentrierst. Möglicherweise fällt dir das am Anfang schwer. Denn aus lauter Gewohnheit wirst du dich in der ersten Zeit eher an die schwierigen und komplizierten Momente des Tages erinnern. Ich kann dir versichern, das wird sich durch das regelmäßige Üben ändern.

Ich habe zur Anregung einmal ein paar Glücks-Brillen-Momente gesammelt:

Glücks-Brillen-Momente

- Hab's geschafft, mir noch ein Sandwich fürs Büro zu machen.
- Die Osterdeko ist fabelhaft gelungen.
- Bin rechtzeitig aus dem Büro rausgekommen.
- Habe einen Mecker-Kunden sehr freundlich abgewürgt.
- Habe mich nicht aufgeregt, als Sabine mir schon wieder querkam
- Endlich meine Lieblings-Hafermilch im Supermarkt gefunden
- Zehn Euro gespart, weil ich den Strafzettel-Gendarm noch rechtzeitig gesehen habe.
- Der Amaryllis-Strauß ist wunderbar aufgeblüht.
- Rundum das Auto geputzt, innen und außen, super gemacht!
- Habe das Geburtstags-Bild aufgehängt, ohne dass es Wochen herumgestanden hat.
- Klasse Farben-Kombi zusammengestellt für die Präsentation.
- Super lustiger Apéro mit Claude.
- In der Teamsitzung meine Meinung vertreten.
- An Inas Geburtstag gedacht.
- Die mega Lippenstift-Farbe entdeckt.
- Superpünktlich beim Zahnarzt angekommen.

Schreibe so oft wie möglich deine Glücks-Brillen-Momente in dein Glückstagebuch.

Für die Mecker-Momente brauchst du keine Anregungen, da bin ich sicher. Die werden dir oft genug automatisch einfallen. Du kannst daraus aber eine kreative Übung machen: Jedem Mecker-Moment, der dir automatisch in den Sinn kommt, stellst du mindestens zwei Glücks-Momente gegenüber, wenn du gut in Form bist, gerne auch drei. Die Liste dazu findest du im Download-Material. Hier siehst du eine verkleinerte Variante:

Die Stimmungsbrille

Mecker-Momente	Glücks-Momente

	1
	2
	3
	1
	2
	3

Zum Schluss möchte ich dir doch noch eine besonders mutige Übung vorschlagen. Ich finde, sie hat das Zeug zum »Glückstagebuch für Fortgeschrittene«. Dabei ist sie ganz einfach, und die Anweisung besteht aus einem einzigen Satz:

Heute bin ich liebenswert, weil

-
-
-
-
-

Trau dich! Du kannst dein Glückstagebuch dafür benutzen oder noch ein anderes schönes Buch-Exemplar dafür einweihen. Du kannst diese schöne Übung zusätzlich zum Sammeln der Glücks-Momente machen oder auch mit ihr abwechselnd … Eins ist sicher: Je häufiger du dich auf die Glücks-Momente in deinem Leben konzentrierst und je häufiger du dich dir selbst zuwendest und deine liebenswerten Seiten wertschätzend anerkennst, umso intensiver wirst du erfahren, dass du liebenswert bist, so wie du bist!

Meine Herzensbotschaft

Leonard Cohen singt:
»Forget your perfect offering/
There is a crack in everything/
That's how the light gets in …«[*]
Und John Legend:
»Love your curves and all your edges/
All your perfect imperfections …«[**]

Sind das nicht zwei wunderbare (und nebenbei gesagt auch noch wohlklingende) Einladungen, dich so zu akzeptieren und zu lieben, wie du bist?! Ich finde ja! Ich wünsche dir, dass du ihnen folgen kannst und von unendlich vielen Glücks-Momenten belohnt wirst!

Von Herzen,
Deine wohlwollende Begleiterin

---

* L. C.: Vergiss die perfekte Fassade / jede hat ihren Riss / so kommt das Licht herein.
** J. L.: (Weil ich alles an dir) liebe, all deine Ecken und Kanten, deine perfekten Fehler.

Buch-Tipps

- Matt Haig: *Die Mitternachtsbibliothek.* München: Droemer, 2021 (zum Thema: Was ich in meinem Leben hätte anders machen wollen oder sollen …)
- Hans Rosling, Anna Rosling Rönnlund u. a.: *Factfulness: Wie wir lernen, die Welt so zu sehen, wie sie wirklich ist.* Berlin: Ullstein, 11. Auflage 2019 (zum Thema: Schlussfolgerungsfehler)

Gut für sich sorgen

Wiebke

Ich kriege einfach nicht genug hin!

In meinem nächsten Leben will ich als Rennpferd auf die Welt kommen und nicht als Schnecke!

Du glaubst gar nicht, wie ich mir und allen anderen in meiner Umgebung auf die Nerven gehe mit meiner Langsamkeit, meiner ewig fehlenden Energie, meiner andauernden Müdigkeit, meinem übertriebenen Schlafbedürfnis und der Menge an Zeit, die ich für alles und jedes brauche. Wenn ich mich mit meinem Sohn vergleiche, dann bin ich ungefähr halb so schnell wie er, und wenn ich mich mit meinem Mann vergleiche, dann schneide ich noch viel schlechter ab. Der ist bestimmt zehnmal schneller als ich, na vielleicht nicht ganz, sagen wir achtmal schneller. Einzige Ausnahme: Am Computer bin ich rasend schnell, weil ich das Zehnfingerschreiben nach einem wahnsinnig guten Programm gelernt habe und darin wirklich unschlagbar bin. Aber was nützt mir das, wenn ich zum Putzen dreimal so lange brauche wie meine 70-jährige Mutter und ungefähr 30 Prozent mehr Schlaf brauche als mein Mann.

Körperlich ist bei mir alles in Ordnung, das habe ich mehrfach durchchecken lassen in alle möglichen Richtungen. Ich dachte, vielleicht habe ich einen zu niedrigen Blutdruck oder eine chronische Entzündung oder irgendetwas Ähnliches, aber ich bin kerngesund, sagen die Ärzte. Wenn es nicht organisch ist, dann ist es vielleicht psychisch, habe ich mir gesagt und deshalb die Psychotherapeutin gefragt, zu der ich eine Weile gegangen bin, weil ich so unzufrieden war mit mir und meinem Leben, weil ich nicht genug hinkriege, weil ich für alles viel zu langsam und zu schwach und zu wenig belastbar bin. Sie hat darauf sehr ausführlich geantwortet und mir erklärt, dass es Müdigkeit, Erschöpfung oder schnelle Erschöpfbarkeit als Krankheit gibt und dass solche Beschwerden als Symptome einer Depression auftreten können. Sie findet aber, dass dies für meine Person auszuschließen ist, weil ich mit allem, was ich ihr über mein Leben und über meine Stimmungen berichte, die Kriterien einer Depression oder einer anderen psychischen Krankheit mit ähnlichen Beschwerden nicht erfüllen würde. »Puh, Glück gehabt«, habe ich gedacht. Aber irgendwoher muss das ja kommen. Und eigentlich will ich das ja auch loswerden, denn ich finde, es ist ein ziemliches Hindernis im Leben, dauernd langsam und müde zu sein.

Also haben wir eine Weile ziemlich hart daran gearbeitet, was mit meinem *Energiehaushalt* los ist. Meine Psychotherapeutin hat mir ein paar interessante Fragen gestellt und dabei sind mir ziemlich viele Lichter aufgegangen. Ich erzähle mal der Reihe nach:

Frage 1: Energietank?

Wie groß ist eigentlich dein Energietank? Also die Energie, physische und psychische zugleich, die du grundsätzlich zur Verfügung hast. Benennen wir es in konkreten Zahlen: Sind es 10 Liter, 50 Liter, 100 Liter oder sogar 1000 Liter?

Nimm zum Vergleich jemanden, von dem du findest, er oder sie hat einen gigantisch großen Energietank, dann daneben jemanden zum Vergleich, von dem du meinst, er oder sie habe einen mittelgroßen Energietank zur Verfügung, und zum Schluss jemanden mit einem kleinen Energietank. Dann ordnest du dich selbst ein:

- *Welche Füllmenge hat dein Energietank grundsätzlich*?

Ich habe mich für ›sehr klein‹ entschieden, also etwa zwanzig Liter. Mehr ist da einfach nicht drin, auch wenn er bis ganz oben voll ist.

O.k., das war **Befund 1:** Ich habe im Vergleich zu vielen anderen einen sehr kleinen Energietank zur Verfügung. Warum auch immer das so ist – wahrscheinlich bin ich damit auf die Welt gekommen oder er ist irgendwie geschrumpft. Vielleicht zum ersten Mal durch meine Polioerkrankung, als ich zehn Jahre alt war, und vielleicht zum zweiten Mal, als bei der Geburt meines Sohnes etwas schieflief, sodass ich sehr viel Blut verloren habe und mehrere Tage in Lebensgefahr schwebte.

Frage 2: Energieräuber?

Wie verbrauchst du deine Energie? Was oder wer nimmt dir Energie weg? Damit ist alles gemeint, was im Leben vorkommen kann, was Energie verbraucht. Das können normale Tätigkeiten wie die Berufstätigkeit oder die Hausarbeit sein, aber auch Beziehungen und Konflikte und auch körperliche Beschwerden und Einschränkungen.

Ich habe eine Liste gemacht und war ziemlich erschrocken, wie viel und was da alles draufsteht. Besonders deshalb, weil das ja alles *sehr wesentliche* Bereiche meines Lebens sind.

Meine Energieräuber:

- mein Halbtagsjob,
- die viele Hausarbeit, weil mein Sohn so unordentlich ist,
- meine ewig jammernde Mutter, die klagt, dass ich nicht genug Zeit für sie habe, und
- schließlich meine dauernden Rückenschmerzen.

Befund 2: Für meinen kleinen Energietank ist die Liste von Aktivitäten, der Sachen oder Umstände, für die ich Energie verbrauche, sehr lang. Und, ganz besonders wichtig: Es gibt auf dieser Liste Umstände, die ich nicht wirklich ändern kann, aber mit denen ich möglicherweise anders umgehen kann, zum Beispiel mehr Abstand halten zu meiner ständig klagenden und vorwurfsvollen Mutter oder nicht hinter meinem Sohn herräumen.

Frage 3: Energiequellen?

Wo kommt neue Energie hier? Wer oder was gibt dir Energie?

Auch hier habe ich eine Liste gemacht, und ich war wieder erschrocken. Dieses Mal, weil die Liste so kurz und total eintönig ist:

Meine Energiequellen:

- schlafen,
- ausruhen,
- nichts tun.

So sehr ich auch gegrübelt habe, es ist mir nichts eingefallen, womit ich *aktiv* Energie zurückgewinne. Nicht spazieren gehen, nicht shoppen und schon gar nicht Sport, vielleicht gelegentlich einmal ein gemütlicher Tee mit einer Freundin, das war's dann aber auch schon. Ach ja, vielleicht auch noch gelegentlich ein schönes Konzert besuchen.

Befund 3: Die Liste ist bedrohlich kurz und einseitig. Möglicherweise kann ich sie etwas ausbauen.

Frage 4: Warnsignale?
Woran merkst du, dass dein Energietank sich bedenklich leert und in Richtung Reserve geht?

Die Frage konnte ich so schnell beantworten wie keine andere: Ich bin müde, erschöpft, lustlos, überdrüssig, gereizt, schlecht gelaunt, manchmal sogar streitlustig.

Befund 4 ist eindeutig: Es gibt einen ganz engen Zusammenhang zwischen meinem aktuellen Energieniveau und meiner Erschöpfung, aber vor allem auch meiner miesen Stimmung. Das war mir überhaupt nicht klar!

Frage 5: Notfallmaßnahmen?
Was machst du, wenn dein Energietank auf Reserve zeigt?

»Weitermachen« war mir sofort rausgerutscht, denn im Grunde sehe ich ja überhaupt nicht ein, dass ich jedes Mal, wenn ich zu müde bin um weiterzumachen, eine Pause mache und dann am Ende noch langsamer bin, als ich es ohnehin schon bin. Also üblicherweise mache ich weiter. Nur wenn es gar nicht geht, absolut gar nicht geht, mache ich eine Pause, gehe schlafen o. Ä. Meiner Therapeutin fielen dazu ein paar Sprüche ein, die mir alle bekannt vorkamen: »Wer rastet, der rostet. Ohne Fleiß kein Preis. Morgenstund hat Gold im Mund.«…

»Wenn ich dieser ewigen Müdigkeit nachgebe, komme ich zu nichts«, dachte ich …

Befund 5: Ich interpretiere meine eindeutigen Ermüdungszeichen nicht als Warnzeichen, dass eine Grenze, schätzungsweise eine Belastungsgrenze erreicht ist, sondern ich ignoriere sie und mache weiter, bis ich gar nicht mehr kann und damit weit über meine Grenze gegangen bin. Und dabei ermuntere ich mich zu allem Überfluss noch mit zweifelhaften Durchhalteparolen.

Plötzlich ging mir nicht nur ein Licht, sondern eine ganze Lichterkette auf: Was soll mein Körper denn anderes machen, als mich immer und immer wieder ans Ausruhen zu erinnern, wenn ich nicht auf seine Zeichen höre? Gleichzeitig packte mich jedoch auch der Zorn: Wo komme ich denn hin, wenn ich jedes Mal, wenn ich merke, dass ich müde werde, eine Pause mache und mich erst ausruhe? Ich werde zu rein gar nichts kommen! Das ist nicht akzeptabel!

Meine Therapeutin bringt manches immer mal wieder ziemlich scharf auf den Punkt, so auch dieses Mal, indem sie sagte: »Die Reichweite eines Zwanzig-Liter-Tanks ist einfach bei Weitem nicht so groß wie die eines Tausend-Liter-Tanks. Selbst wenn Sie gelernt haben, sehr energieschonende Methoden der Fortbewegung zu benutzen und dadurch Ihre Reichweite zu vergrößern, werden Sie wenig Chancen haben, die Reichweite eines Tausend-Liter-Tanks zu erzielen, selbst wenn dieser über keinerlei Energiesparmethoden verfügt, sondern die Energie einfach verfeuert, weil sie im Überfluss zur Verfügung steht.«

»Das finde ich verdammt noch mal nicht fair«, habe ich gleich losgewettert, »meine Freundin, genauso alt wie ich, genauso gesund wie ich, kann sich einen Lebensstil leisten, von dem ich nur träumen kann: Party machen, spät ins Bett gehen, trotzdem früh aufstehen, Alkohol trinken, an Wochentagen ausgehen, Kurztrips an Wochenenden und was nicht alles sonst noch!«

Nachdem ich mich wieder beruhigt hatte, hat meine Therapeutin ganz leise gefragt: »Wie groß ist der Energietank Ihrer Freundin schätzungsweise?« Ich hätte sie erdolchen können, aber sie hat natürlich recht …

Es fällt mir wirklich schwer, krass (ich benutze das Wort nicht häufig!) schwer, zu akzeptieren, dass mein Tank so klein ist, wohingegen die Tanks der Menschen um mich herum riesengroß sind. Nebenbei gesagt, bezweifelt meine Therapeutin dies und besteht auf der Hypothese, dass meine Wahrnehmung in Bezug auf die Energietanks anderer Menschen verzerrt ist, weil ich üblicherweise nicht sehe, wie sich diese Menschen ausruhen, sondern nur sehe, wie sie Energie verbrauchen. Ich kann das natürlich nicht völlig abstreiten, aber im Prinzip glaube ich, dass ich tatsächlich in punkto Energie ziemlich zu kurz gekommen bin.

Also haben wir meine wohlwollende Begleiterin hinzugezogen und ein Programm für meinen *Bonsai-Energietank* gemacht. Zum einen habe ich den Auftrag, so eine Art *Solaranlage* mit vielen Solarzellen zu bauen, das sind all die Maßnahmen, wie ich Energie gewinnen kann. Zum anderen starte ich eine Art *Energiesparoffensive*, das sind all die Maßnahmen, die ich gegen zu hohen Energieverbrauch und Energieverschwendung einsetzen kann. Bei alldem hat meine wohlwollende Begleiterin die Rolle der achtsamen und liebevollen Projektleiterin eingenommen.

Wiebkes wohlwollende Begleiterin
Du darfst achtsam mit deiner Energie umgehen

▶ Die Solaranlage

Als Erstes verschaffst du dir nochmals einen genauen Überblick, welche Energiequellen dir prinzipiell zur Verfügung stehen und wie leicht oder schwer die jeweilige Energiequelle zu nutzen ist. Zunächst ist dabei nicht bedeutsam, ob du sie aktuell nutzt, wichtig ist nur, dass du sie prinzipiell nutzen kannst. Es gehören also keine Energiequellen in die Liste, die für dich überhaupt nicht infrage kommen, weil du sie ohnehin nicht nutzen würdest. Nimm dir Zeit für diese Sammlung, denn sie ist die unverzichtbare Basis für den nachfolgenden Schritt.

Vielleicht möchtest du das Arbeitsblatt im Download dafür nutzen. Auf der folgenden Seite siehst du ein Beispiel dazu. Wichtig ist dabei, dass es eine realistische Chance gibt, dass du die jeweilige Energiequelle tatsächlich auch nutzt. So ist ein Urlaub auf den Malediven möglicherweise tatsächlich eine Energiequelle, jedoch ist die Wahrscheinlichkeit, dass du sie nutzt, wohl eher niedrig. Ein Kurztrip zu einer alten Freundin oder ein verlängertes Wochenende in den Bergen sind dagegen Ideen, die sich durchaus realisieren lassen und dann tatsächlich enorm Energie spenden können.

Meine Energiequellen und wie ich sie nutze

Energiequelle	leicht zu nutzen	mittelschwer zu nutzen	schwer zu nutzen
Schlafen		✓	
Ausruhen		✓	
Nichtstun	✓		
Kleine Pause zum Beispiel für einen Tee	✓		
Verabredung mit einer guten Freundin			✓
Konzertbesuch			✓
Yoga			✓
Joggen			✓
Mich in ein Buch vertiefen	✓		
Malen		✓	

- *Energie gewinnen – Meine Energiequellen nutzen*
  Nun geht es darum, dass du aus der Einsicht, dass du deine Energiequellen zu selten oder nicht ausgiebig genug nutzt, die Verpflichtung ableitest, dieses häufiger zu tun. Dazu gehört es auch, dich festzulegen, *welche Energiequelle du wie oft* nutzt. Das wird keineswegs ohne Anstrengung gehen, das ist klar. Aber wenn du dir nicht ganz fest vornimmst, mehr dafür zu tun, Energie zu gewinnen, damit dein Energietank möglichst oft gut gefüllt ist, wird aus dem Programm nichts.

Vielleicht ist es an dieser Stelle gut, sich noch einmal zu vergegenwärtigen, was eigentlich passiert, wenn du zu wenig Energie hast. Mein Vorschlag: Schreibe in das Arbeitsblatt, das du als Download-Seite findest, die Sätze zu Ende, um dir die Folgen eines Energietanks im Reservemodus zu verdeutlichen. Hier siehst du das Blatt in einer kleinen Variante:

Energietank im Reservemodus

Wenn ich müde bin,

....

....

Wenn ich lustlos bin,

....

....

Wenn ich überdrüssig bin,

....

....

Wenn ich gereizt bin,

....

....

Wenn ich schlecht gelaunt bin,

....

....

Wenn ich hungrig bin,

....

....

Wenn ich ungeduldig bin,

....

....

Wenn ich erschöpft bin,

....

....

Und dann -ebenfalls zum Download- dein Programm zur Energiegewinnung im Monatsplan. Hier als kleine Version zu sehen:

Energiequellen nutzen in 4 Wochen

Energiequelle	Woche 1 wie oft geplant	✓	Woche 2 wie oft geplant	✓	Woche 3 wie oft geplant	✓	Woche 4 wie oft geplant	✓

In das Schema trägst du die Energiequellen ein, die du künftig regelmäßig nutzen möchtest. Dann trägst du ein, wie oft pro Woche und möglicherweise auch an welchen Tagen (zum Beispiel, wenn es Sportkurse sind). Die Spalten mit den Haken sind als Erfolgskontrolle gedacht. Gönne dir das Vergnügen, immer dann, wenn du erfolgreich warst, einen dicken Haken in die jeweilige Spalte zu machen!

Wie immer gilt auch bei diesen Veränderungsschritten:

Wenig geplant, dann aber erfolgreich erledigt,
ist mehr,
als viel geplant und wenig erfolgreich erledigt.

Es ist sehr viel hilfreicher, mit bescheidenen Veränderungsschritten anzufangen und mit diesen Veränderungen dann auch tatsächlich Erfolgserlebnisse zu ermöglichen, als zu ehrgeizige Ziele zu setzen, von denen schon bald klar ist, dass sie nicht erreichbar sind. So kann es ermutigend für dich sein, zunächst nur wochenweise und nicht schon gleich für den ganzen Monat zu planen. Dann kannst du erst einmal am Ende jeder Woche Bilanz ziehen und schauen, wie du vorwärtskommst. Das Geheimnis des Erfolgs ist bei all dem – wie so oft – die gute Balance zwischen Ehrgeiz, Anspruch und realistischer Einschätzung dessen, was in deinem Leben machbar ist.

Es ist wichtig, sich zu fordern, aber überhaupt nicht stärkend, sich zu überfordern.

▶ Die Energiesparoffensive

Bevor es ans Energiesparen geht, ist es gut, dir zuerst einmal klarzumachen, wo und wie in deinem Leben Energie verloren geht.

Schreibe auf das Blatt, das zum Download vorliegt, alles auf, was dir dazu einfällt.

Meine Energieräuber

Energieräuber	Wie geht die Energie verloren?	Was kann ich dagegen tun?

Bei dieser Liste ist es besonders wichtig herauszufinden, auf welche Art und Weise genau die Energie verloren geht. Oftmals sind es nur einzelne Aspekte und nicht generell die gesamte Tätigkeit, die für den Energieverlust verantwortlich sind. Wenn du verstanden hast, wie genau die Energie verloren geht, ist die Antwort auf die Frage, wie du das ändern kannst, oft nicht mehr schwierig. Das könnte für deine schon ausfindig gemachten Energieräuber beispielsweise so aussehen:

Beispiel: Meine Energieräuber

Energieräuber	Wie geht die Energie verloren?	Was kann ich dagegen tun?
Job	Tina und Sabine halten mich immer wieder durch »Schwätzchen« auf.	Die »Schwätzchen-Zeit« verkürzen.
Hausarbeit	Immer wieder hinter Niklas herräumen, Dreck von anderen wegmachen.	Den Dreck liegen lassen!
Jammer-Mutter	Ewige Telefonate mit immer gleichem Inhalt, schlechtes Gewissen, weil ich »zu wenig Zeit« habe.	Die Telefonzeit verkürzen, mich endlich vom schlechten Gewissen verabschieden, denn es wird nie genug sein.
Rückenschmerzen	Alles wird anstrengender und schwieriger.	Das Warnsignal ernst nehmen: RECHTZEITIG eine Pause machen, keine schweren Sachen schleppen, statt Putzen Rückengymnastik (-:

Energie sparen heißt also, die Energieräuber aktiv und gezielt zu bekämpfen, um sie so weit wie möglich zur Strecke zu bringen. Am besten gelingt dir das, wenn du jeweils einen oder zwei Energieräuber auswählst und dich konsequent darauf konzentrierst, dich so effektiv wie möglich gegen sie zu wehren. In den Alltag umgesetzt bedeutet das, die Aktionen, die du zur Energieräuber-Bekämpfung aufgeschrieben hast, so oft wie möglich auch *auszuführen* und es auf keinen Fall damit gut sein zu lassen, an eine Aktion als eine Möglichkeit zu *denken*. Es hilft ja leider nicht viel, eine Lösung zu kennen, wenn du dann die Energie nicht aufbringst, sie auch umzusetzen. Denn es braucht tatsächlich erst einmal Energie, eine Gewohnheit zu ändern und etwas Neues zu tun. Das ist die Schwierigkeit, an der so oft gute Vorsätze scheitern.

Ich möchte das gerne am Beispiel der Rückenschmerzen erläutern: Du hast dir für den Freitagnachmittag den Wohnungsputz vorgenommen und spürst, nachdem du etwa die Hälfte der notwendigen Arbeiten erledigt hast, dass dein Rücken warnend zu schmerzen beginnt. Das ist kein Wunder, da du den ganzen Vormittag sehr angestrengt und konzentriert an einem Bericht gesessen hast und damit eigentlich das Pensum anstrengender Arbeit für die Woche bereits mehr als erfüllt war. Deiner Gewohnheit nach würdest du trotz der Rückenschmerzen das Putzen zu Ende bringen, um das »endlich erledigt« zu haben. Dagegen, dieser Gewohnheit einfach weiter zu folgen, spricht nun die Erkenntnis, dass Putzarbeiten mit Rückenschmerzen zu Ende zu bringen üblicherweise bedeutet: Deine Laune nähert sich deutlich dem Nullpunkt, dein Sohn nervt dich schneller und am Abend kannst du dich zu nichts Schönem mehr aufraffen. Und trotzdem wird es dich Energie kosten, vielleicht sogar Mut, mit dem Putzen nach der Hälfte der Arbeiten aufzuhören und deinem Rücken die Ruhe zu gewähren, die er dringend benötigt. Viel leichter wäre es für dich im ersten Moment, das zu tun, was du immer tust: nämlich weiterzumachen mit Rückenschmerzen und am Ende des Tages froh zu sein, das Putzen hinter dir zu haben – und der Energieräuber hätte es wieder geschafft zu räubern …!

- *Energieräuber bekämpfen*
  Mit der Liste, die du im Download-Material findest, kannst du die Energieräuber-Bekämpfung im Auge behalten. Unten ein Muster. Gönne dir jeweils einen Haken, wenn du beim Energiesparen erfolgreich warst, und mache am besten auch Notizen, wie du es geschafft hast.

Energieräuber bekämpfen – Energie sparen

Energieräuber	Montag	Dienstag	Mittwoch	Donnerstag	Freitag	Samstag	Sonntag

Allen bisher vorgeschlagenen Schritten ist gemeinsam, dass sie eine gute Portion Energie und Zeit brauchen, sich mit sich selbst zu beschäftigen, das eigene Handeln und Nichthandeln durchaus kritisch zu betrachten, daraus Schlüsse zu ziehen und dann nach und nach Änderungsschritte zu vollziehen. Für Lebenssituationen, in denen trotz aller Anstrengung nicht genügend Zeit und Energie zur Verfügung stehen, weil der Wind gerade von vorn kommt oder sogar von allen Seiten, weil eine Riesenaufgabe zu erledigen ist o. Ä., können die folgenden kleinen Aufmerksamkeits-Übungen hilfreich sein, ein guter Anfang und sicher mehr als nur der Tropfen auf den heißen Stein.

- *Die gefährlichsten und schädlichsten Muster für meinen Energiehaushalt*
  Zum einen wären da die eigenen schädlichen Muster, die den Energiehaushalt bedrohen und letztlich das Leben wirklich schwer machen. Du kannst dir deine gefährlichsten und schädlichsten Muster auf einer kleinen Merkliste vergegenwärtigen und in deinem Buch festhalten.
  Dazu könnten beispielsweise gehören: Schmerzen ignorieren, telefonieren, obwohl keine Zeit oder keine Lust da ist, zunehmende Gereiztheit ignorieren, Hunger oder Durst ignorieren, Ungeduld ignorieren, sich stören lassen, obwohl das gerade gar nicht geht …

- *Die hilfreichsten Rituale, um gut für meinen Energiehaushalt zu sorgen*
  Zum anderen wären da die kleinen hilfreichen Rituale, die – sofern regelmäßig und achtsam genossen – eine ungeheure Kraft entwickeln können. Auch dafür gibt es eine kleine Merkliste, am besten in deinem Buch:
  Dazu könnten beispielsweise gehören: die kleine Tee- oder Kaffeepause, eine kurze Meditations- oder Achtsamkeitspause (vielleicht mit einer entsprechenden App?), vor dem Einschlafen drei Dinge vergegenwärtigen, für die du heute dankbar warst, ein Gebet, ein Lieblingslied …

Herzensbotschaft der wohlwollenden Therapeutin

Ich kann Ihren Wunsch, lieber ein Rennpferd als eine Schnecke zu sein, gut verstehen. Und ich verstehe auch Ihre Wut und Trauer, die mit der Erkenntnis verbunden ist, nicht mit der Energie eines Rennpferdes ausgestattet zu sein. Insbesondere dann, wenn Ihnen immer wieder Menschen begegnen, die Ihrem Eindruck nach über sehr viel mehr Energie verfügen als Sie. Wir können nicht genau messen, wie groß Ihr Energietank wirklich ist, und schon gar nicht, wie groß der Energietank anderer ist, aber ich sehe einen tiefen Sinn darin herauszufinden, wie Sie mit der Energie, die Ihnen zur Verfügung steht, liebevoll haushalten können; wie Sie so viel achtsamer mit sich sein können, dass Ihre Energiemenge Ihnen unendlich viel größer erscheint als je zuvor, als Sie noch rücksichtslos über Ihre eigenen Energiegrenzen hinweggegangen sind. Dabei hatten Sie sich so erschöpft, dass Sie zu schwach waren, um überhaupt die Energiequellen aufzusuchen, aus denen Sie wieder Energie hätten gewinnen können. Aus der Schnecke kann kein Rennpferd werden, das steht fest. Aber ich bin fest überzeugt, dass eine Schnecke, wenn sie denn mit ihren Kräften gut haushaltet und achtsam mit ihrer Energie ist, immer mal wieder zu einer Rennschnecke werden kann.

Von Herzen,
Ihre wohlwollende Therapeutin

Buch-Tipp

- Sten Nadolny: *Die Entdeckung der Langsamkeit.* München: Piper, 47. Auflage 2012

Zum guten Schluss

Zu einem guten Schluss, finde ich, gehört das Happy End. Und wenn man Kapitel um Kapitel Geschichten gelesen hat, in denen es ums Feststecken, um Stillstand und Zweifel geht, dann will man ja schließlich wissen, ob die Geschichten ein gutes Ende nehmen.

Ja, liebe Leserin, lieber Leser, ich kann Ihnen versichern, sie nehmen ein gutes Ende! Denn in allen Geschichten steckt der Kern des Gelingens:

- die Frage nach dem Ausweg
- die Suche nach dem nächsten Schritt
- der Glaube an die mögliche Veränderung
- und das Vertrauen in das persönliche Wachstum.

Trotz aller Mutlosigkeit und Verzweiflung gibt es in jeder Geschichte das Ende des Tunnels oder den Ausweg aus dem Labyrinth. Oft braucht es mehrere Versuche – hinfallen, aufstehen, weitergehen – eine Etappe erreichen – wieder hinfallen, aufstehen, weitergehen – bis das Licht am Ende des Tunnels sichtbar und immer heller wird.

Manchmal braucht es auch einen Impuls von außen, denn Mutlosigkeit und Verzweiflung verstellen manchmal die Sicht oder trüben den Blick. Dann ist es gut, einen anderen mitschauen zu lassen, der gerade die klarere Sicht hat und an das Licht am Ende des Tunnels glaubt. Der es vielleicht sogar selbst schon einmal gesucht hat und eine Idee hat, wie man es finden kann. Der das Vertrauen in sich selbst stärkt, wenn es im Dunkeln zu schwinden droht, und der ermutigt, beharrlich weiterzugehen.

Der tiefe Sinn dieser Geschichten liegt für mich darin, Ihnen für sich selbst oder für andere, die Sie begleiten, Mut zu machen und den Glauben an persönliches Wachstum und Veränderung zu stärken. Wenn dann auch noch die eine oder andere wegweisende Idee entsteht, wie die ersten und weitere Schritte aussehen könnten und daraus auch noch Pläne würden …

Dann hätte nicht nur jede Geschichte ein gutes Ende, sondern viele Geschichten hätten auch noch eine gute Zukunft.

Der alte Teich.
Ein Frosch springt hinein –
das Geräusch des Wassers.
Bashò

Dank!

Auf der allerletzten Seite dieses Buches angekommen, blicke ich zutiefst dankbar zurück – nicht nur auf eine erfüllende Schreib-Zeit – sondern vielmehr auf über dreißig Jahre erfüllter psychotherapeutischer Arbeit mit Menschen, die mir ihre Lebensgeschichte anvertraut haben. Sie haben mir vertraut in Zeiten schmerzhafter Niederlagen, bei Schicksalsschlägen, Krankheit und Leid und ließen mich teilhaben an Erfolg, Heilung, Glück und Liebe. Ich fühle mich mehr als reich beschenkt durch dieses Vertrauen und bin unendlich dankbar für die stärkende Kraft, die auf meinem eigenen Weg immer wieder daraus erwachsen ist.
Ihnen allen von Herzen Dank!

Und dann ist da noch das Glück meiner wohlwollenden Begleiter … Sie begleiten mich nicht nur mit liebevollem Blick und Wohlwollen, sondern glauben selbst dann noch unerschrocken an mich, wenn ich mit der Seifenkiste ins Schlingern gerate und im Matsch steckenzubleiben drohe.
You are my blessings!

Kate Hester ist es mit ihren heiteren und lebensfrohen Illustrationen gelungen, die Botschaft des Textes von Lebensfreude, Mut und Zuversicht zu vervielfachen und mit dem Zauber besonderer Symbole zu versehen. Eine Kunst, die ich zutiefst bewundere, und ein Geschenk, für das ich besonders dankbar bin.
Thank you so much!

Last but not least – Dr. Christine Treml, jederzeit unterstützend, unerschütterlich und jedes Kapitel ohne Sie – undenkbar.
Tausendundeinen Dank!

Leseempfehlungen

Brackmann, Andrea: *Jenseits der Norm – Hochbegabt und hoch sensibel? Die seelischen und sozialen Aspekte der Hochbegabung bei Kindern und Erwachsenen.* Klett-Cotta, 11. Auflage 2020

Coelho, Paulo: *Handbuch des Kriegers des Lichts.* Diogenes, 2006

Ende, Michael: *Momo.* Thienemann in der Thienemann-Esslinger Verlag GmbH, 11. Auflage 2018

Fielding, Helen: *Schokolade zum Frühstück. Das Tagebuch der Bridget Jones.* Goldmann, 2001

Haig, Matt: *Mach mal halblang. Anmerkungen zu einem nervösen Planeten.* München: dtv, 2019

Haig, Matt: *Die Mitternachtsbibliothek.* Droemer HC, 2021

Hustvedt, Siri: *Die zitternde Frau. Eine Geschichte meiner Nerven.* Rowohlt, 6. Auflage 2015

Junge, Miriam: *Kleine Schritte mit großer Wirkung. Mit minimalen Veränderungen zu maximaler Zufriedenheit.* Kösel, 2020

Löhken, Sylvia: *Leise Menschen – gutes Leben. Das Entwicklungsbuch für introvertierte Persönlichkeiten.* GABAl, 2. Auflage 2017

Nadolny, Sten: *Die Entdeckung der Langsamkeit.* Piper, 47. Auflage 2012

Niksen. Die Kunst des Nichtstuns. Ars edition, 2020

Owens, Delia: *Der Gesang der Flusskrebse.* Hanserblau 2019

Potreck-Rose, Friederike: *Von der Freude den Selbstwert zu stärken.* Klett-Cotta, 14. Auflage 2020

Rosling, Hans, Rosling Rönnlund, Anna, u. a.: *Factfulness: Wie wir lernen, die Welt so zu sehen, wie sie wirklich ist.* Ullstein, 11. Auflage 2019

Scheffler, Axel & Donaldson, Julia: *Der Grüffelo.* Beltz & Gelberg, 2002

Seemann, Hanne: *Mein Körper und ich – Freund oder Feind?* Klett-Cotta, 2019

Seligman, Martin E. P.: *Der Glücks-Faktor. Warum Optimisten länger leben.* Bastei Lübbe 2005

Liste der Download-Materialien

An sich glauben

Selma: Ich bin ein hoffnungsloser Fall!

Wochenplan: 7 Tage – 7 Schritte 25

Monatsplan: 30 Tage – Jeden Tag einen Schritt weiter 26

Daniel: Ich bin viel zu weich für diese Welt!

Schatzkiste – Meine sensiblen Stärken 35

Sensible Stärken – Chancen und Risiken 36

Wochenplan: Die Schatzkiste im Einsatz 37

Zu sich stehen

Meike: Ich bin nicht schön, schlank, sportlich ... genug!

Antiquierte Idealvorstellungen korrigieren 47

Nikola: Ich muss es den andern immer recht machen!

Meine Schatzkammer 57

Meine wichtigsten Stärken (ohne Abbildung im Text) 57

Meine Stärken im Alltag 59

MEHR Stärken im Alltag 60

Bin mal wieder aufgefallen 63

Nicht den (vermuteten) Erwartungen entsprechen 64

Eduard: Geht nicht gibt's nicht!

Meine Energieampel 71

Welche Farbe hat die Energieampel? 72

Sich etwas zutrauen

Charlotte: Ich kann das nicht, davor habe ich Angst!

Gedanken, die mich stärken 85

Taten, die mich stärken 86

Mein Stärken-Speicher 87

Nina: Selbst ein dummes Schulmädchen steht besser da!

Bedürfnisse ernst nehmen 97

Künftig Bedürfnisse ernster nehmen, wie genau? 100

Aktionsplan: Bedürfnisse ernster nehmen (4 Wochen) 101

Sich fordern

Alexander: Ich bin einfach ein Chaot!

Meine täglichen Minijobs 114

Meine besten Mutsätze 116

Großes Projekt – in kleinen Schritten 119

Viele kleine Schritte – großes Projekt 119

Fair mit sich sein

Lea: Alle anderen können das besser als ich!

Die Stimmungsbrille 134

Gut für sich sorgen

Wiebke: Ich kriege einfach nicht genug hin!

Meine Energiequellen – und wie ich sie nutze 144

Energietank im Reservemodus 145

Energiequellen nutzen (4 Wochen) 146

Meine Energieräuber 148

Energieräuber bekämpfen – Energie sparen 151

www.klett-cotta.de/lebenlernen

Friederike Potreck-Rose, Gitta Jacob

Selbstzuwendung, Selbstakzeptanz, Selbstvertrauen

Psychotherapeutische Interventionen zum Aufbau von Selbstwertgefühl

Leben Lernen 163. 245 Seiten, broschiert. ISBN 978-3-608-89194-2

Wie bewege ich Patienten dazu, sich selbst besser zu akzeptieren und mehr Selbstvertrauen zu entwickeln?

In vielen Psychotherapien ist die Antwort darauf der Schlüssel zum Erfolg. Entscheidend dabei ist, bei Patienten die positive Selbstzuwendung anzuregen und zu fördern. Erst auf dieser Basis können für Psychotherapien so zentrale Themen wie Aufbau und Verbesserung von Selbstwertgefühl und Selbstvertrauen erfolgreich bearbeitet werden.

»Flüssig geschrieben und gut lesbar, sehr gut und übersichtlich strukturiert ... Das Buch ist für Psychotherapeuten geeignet, vor allem für Verhaltenstherapeuten, Klinische Psychologen, Gesundheitspsychologen, es ist ein Gewinn für die therapeutische Arbeit.«
Juliana Matt, Report Psychologie

Leben LERNEN
Klett-Cotta

www.klett-cotta.de/lebenlernen

Astrid Vlamynck

Klopfen für die Selbstwertstärkung

Wie Energetische Psychologie hilft

Leben Lernen 310. Mit einem Vorwort von Gunther Schmidt
160 Seiten, broschiert, mit ca. 15 Abbildungen
ISBN 978-3-608-89252-9

Mithilfe der Klopftechnik lassen sich negative Bilder, Gedanken und Gefühle auf sanfte Weise auflösen. Das Buch gibt eine durch Abbildungen ergänzte Schritt-für-Schritt-Einführung in die Methode und zeigt an vielen Beispielen, wie ein geschwächtes Selbstwertgefühl gestärkt werden kann.

»Dieses Buch versprüht einen wunderbar optimistischen Geist, der Zuversicht und Mut vermittelt bei gleichzeitiger liebevoller Wertschätzung aller Ängste, Zweifel, Ambivalenzen. Ich bin sicher, dass selbst, wenn jemand es in bedrückter Stimmung zu lesen beginnen würde, im Verlauf der Lektüre die Stimmung immer besser würde und die Einschätzung des eigenen Werts und der eigenen Möglichkeiten viel besser sein wird.«
Aus dem Vorwort von Gunther Schmidt

Leben LERNEN
Klett-Cotta